FIFA WORLD CUP
Brasil

国际足联中国唯一合作平面媒体

1938

1938年世界杯，巴西队首战遇上波兰队，队长马尔蒂姆（左）与波兰队长弗拉迪斯瓦夫·西泽潘迪亚克（Wladyslaw Szszepaniak）互换队旗。

季军争夺战中，巴西前锋莱昂尼达斯（Leonidas，左）独中两元，帮助球队4比2战胜瑞典队，他也以8个进球荣获最佳射手称号。

1950年世界杯决赛，巴西前锋弗里亚萨（Friaca，左三）头球攻门得分，帮助东道主一球领先。

乌拉圭边锋吉贾（Alcides Ghiggia）在比赛还剩11分钟时攻进一球，最终让巴西队在主场马拉卡纳球场饮恨败北。

不满18岁的贝利初出茅庐，他在决赛中梅开二度，帮助巴西队5比2击败瑞典队，历史上首次夺得世界杯。

在这支冠军球队中，出类拔萃的球员比比皆是，其中包括吉尔马尔（守门员）、迪迪、瓦瓦、加林查、扎加洛等。

1962

"小鸟"加林查虽然没有在决赛中进球，但他的作用却是任何人都无法替代的，巴西队成功卫冕，加林查居功至伟。

迪迪帮助巴西队3比1战胜捷克斯洛伐克队，巴西队夺得历史上第二座冠军奖杯。此役，贝利因伤无法出场比赛。

1966

第三次参加世界杯的贝利在巴西队对阵葡萄牙队的比赛中被对方后卫踢伤，因无法继续比赛而被抬出场。

贝利伤退影响极大，巴西队最终1比3负于尤西比奥领衔的葡萄牙队，位居小组第三，未能晋级复赛。

1970

球王贝利在1970年世界杯决赛中首先为巴西队攻进一球，并最终帮助桑巴军团以4比1的比分击败意大利队，第三次夺冠。

这是贝利作为球王最伟大的时刻，他一生参加过4次世界杯，居然拿到3次冠军，此次胜利让金女神杯永远归巴西所有。

作为卫冕冠军，巴西队在1974年世界杯的表现让人失望，欧洲新贵荷兰队在克鲁伊夫（14号）的带领下2比0轻取巴西队。

荷兰前锋约翰·内斯肯斯（右二）被铲倒后，与巴西后卫马里尼奥（中）相互争吵，比赛一度陷入混乱之中。

济科在"巴西—法国世纪大战"中罚失点球一瞬,法国门将巴茨(右)让巴西队眼看到手的胜利顿时化为泡影。

双方120分钟战成1比1后,苏格拉底在点球大战中第一个出场,但他的点球被门将巴茨扑出,桑巴球迷失望不已。

由后腰邓加（中）拱卫的巴西后防线，让特罗格利奥（Pedro Troglio，左二）和马拉多纳（右）吃尽苦头。

马拉多纳是这场巴阿大战中最大的受害者，却也对巴西队造成了最大伤害，他的绝妙传球让巴西后防线瞬间崩溃。

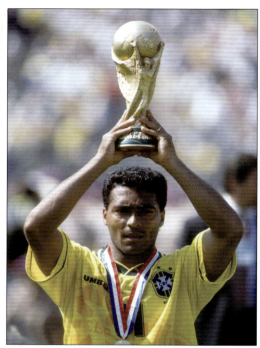

994

四年后，邓加作为队长终于捧起冠军奖杯，但罗马里奥（右）才是巴西队第四次夺冠的关键人物。

夺冠后，巴西球员向两个月前因车祸去世的F1车手塞纳表达敬意——"塞纳，我们一起加速，再夺金杯！"

1998

1998年世界杯决赛，法国门将巴特斯与巴西前锋罗纳尔多相撞，年轻的罗纳尔多终究敌不过对手，最终倒在法兰西的土地上。

决赛0比3告负，巴西队球员黯然神伤。罗纳尔多为何带病上场，这或许永远都是一个谜。

梅洛头球解围失误，让巴西门将儒利奥·塞萨尔未能扑到球，荷兰队凭借此球幸运将比分扳平为1比1。

巴西前锋罗比尼奥与荷兰球星罗本互相争吵，巴西球员在比赛尾声阶段犯规不断。

THE WORLD CUP HISTORY OF BRAZIL

世界杯冠军志之巴西

体坛传媒◎编著

执笔记者：小中

西南财经大学出版社
Southwestern University of Finance & Economics Press

推荐序一

只有足球可以

张　斌

我们大多数人没有能力追赶时间，只是被时间推着向前而已。四年，要多快有多快，又是一届世界杯即将开赛了。我脑海中不断有一个场景蹦跳出来——清晨，巴黎街头，我快速地奔向国际电视报道中心，还有个片子等着我去编辑。这就是1998年法国世界杯期间我的工作。当时几乎每一天都是这么过去的。对了，还有一个场景——2010年南非世界杯期间，在中央电视台的世界杯系列节目《豪门盛宴》的演播室中，同事告诉我，阿根廷队和德国队比赛的那一晚，北京长安街上的车格外少。大约半个月之后，我们拿到的收视材料显示，那一晚进行的阿根廷队与德国队的比赛是南非世界杯在中国大陆地区收视率最高的一场比赛，而且比赛开始的时间为北京时间22：00，时间好得不能再好了。

每当这时，就会有很多记忆的碎片被我在脑海中拼凑起来。但总执拗怀旧不是事，会让人嬉笑为老人家的。可是，世界杯不就是不停地怀旧嘛，谁是冠军一定那么重要吗？我们要的不就是传奇嘛。

国际足联说，在南非世界杯期间，全世界最少有60亿人次坐在电视机前老老实实地看了比赛，国际奥委会也会有类似的数据证明奥运会的收视率之高。其实，世界杯与奥运会，不必争个高下，两者是完全不同的庆典。但是，足球作为一项运动很有必要与同类不断比肩，那么，足球这个"第一运动"的称号还有意义吗？闷头发展挣大钱不就成了吗？"第一"的称号其实啥也换不来，不过是我等热爱足球的人的心理感受罢了。这一刻我想起了前皇家马德里俱乐部主帅穆里尼奥的最新格言——"足球，就是人类情感的总和。"

我的这篇推荐序的题目一定会遭到其他运动热爱者的不屑，"只有足球可以"，到底可以什么？坦白讲，我并非回答这个问题的最佳人选。但我知道，世界杯是唯一可以搅动世界，让其在一个月之中为之持续沸腾的比赛。看着欧洲冠军杯比赛深夜里的欢腾，我一直在比对其与世界杯的异同，我依然不是回答这个问题的最佳人选，但我知道那份强大的情感关联的存在感。

读书，不是件容易的事情。太多的书，需要我们去选择。我羡慕《体坛周报》的世界杯系列图书的出版，更羡慕他们旗下那些分布在世界各地的足球观察者们，他们身处异乡，在那里足球已是国家、民族的精神血脉。我很少在江湖走动，见识渐少，行万里路的想法总被自己牵绊。我买过英国人写的几个版本的世界杯史话，文字密密麻麻，有些排版很古典，但是坚持每四年更新版本，我想那几乎是英国足球迷们的国民读物了吧。

我期待着，《世界杯冠军志》未来也能有此功效。此书尚不得见，期待它很扎实、很精美，让我们随时可以从某一页翻起就进入一段历史岁月。谢谢所有作者，安静地写段历史，该是很有意思的，你们如若满意了，我们读起来就会饶有兴趣的。在这个夏天，足球也可以让我们重新找回阅读的快乐和冲动，谢谢世界杯。

（本文作者系中央电视台赛事频道编辑部主任）

推荐序二

没有什么比足球更美妙

米 卢

足球世界里最盛大的表演即将在最了不起的足球王国巴西上演。对足球迷而言，没有什么比这更美好了！

相信许多人都知道，我和世界杯有着特殊的缘分，从1986年到2002年，我曾经率领5支不同的球队征战过世界杯，12年前与中国男足一起出征韩国西归浦，这些始终都是我生命中最难忘的回忆。

中国人讲究12年一个轮回，12年过去了，或许中国国家队没有再能获得更多的机会，我本人和世界杯的缘分也没有续写新的篇章，但中国球迷对世界杯的热爱却与日俱增，而作为我和球迷共同的老朋友——《体坛周报》，也始终战斗在世界杯报道的前沿阵地。

在巴西世界杯的舞台上，所有8支曾经成功捧杯的球队都将悉数亮相，豪门对决，快意恩仇。《体坛周报》的朋友告诉我，他们将借此机会推出一套冠军丛书，向所有中国球迷讲述属于冠军们的故事。在我看来，对所有中国球迷而言，这都将是一份意义非凡的礼物，它不仅讲述了许多鲜为人知的精彩故事，更揭示了属于胜利者的成功秘诀。

在我看来，这个世界上没有什么比足球更美妙的东西了；生活中，也没有什么比享受足球更重要的事了。打开这本书看到这段话的中国球迷们，你们即将欣赏到足球世界里最激动人心的传奇故事。

（本文作者系著名足球教练）

推荐序三

《体坛周报》与世界杯同成长

张敦南

世界杯这项世界上最盛大的足球赛事见证了《体坛周报》
的成长。

《体坛周报》创刊于1988年，迄今逾1/4个世纪，无论在国
际还是国内，这个历史都不算太久。1998年，第16届世界杯，
《体坛周报》才第一次派出记者现场采访，团队规模为3人。
2002年世界杯，欣逢中国队历史性出线，《体坛周报》特派记
者组骤增至20余人，《体坛周报》也第一次在大赛期间出版日
报，并为此广招人才，他们中很多人日后成了《体坛周报》的

精英骨干。

虽然中国队此后再未出线，但《体坛周报》的世界杯报道继续升级。2006年，《体坛周报》第一次在世界杯报道中采取"跟队"战术，每支强队都有特派记者全程追踪。2010年，大批外国特约记者加入《体坛周报》报道团队，奉献了"梅西过生日"等独家图文报道。

正是在与国际媒体"同场竞技"的过程中，《体坛周报》迅速成长起来。如今，《体坛周报》是国际足联及世界杯的官方合作伙伴，是法国《队报》等世界知名体育报的版权合作媒体，拥有国际足联金球奖的中国媒体唯一投票权，是"金足奖"评委会成员，2013年还创立了"亚洲金球奖"评选活动。

通过多年建立的关系网，《体坛周报》在国际足球领域做出了真正的独家新闻，如2003年全球首发"贝克汉姆将加盟皇马"等新闻。《体坛周报》的影响力也与日俱增，2012年欧洲杯期间，德国足协少有地安排国脚专访，当时只让三家国际媒体到场，除了法国《队报》和意大利《米兰体育报》，还有就是《体坛周报》。

值此2014年世界杯临近之际，《体坛周报》与西南财经大学出版社、北京亨通堂文化传播有限公司携手推出《世界杯冠军志》系列图书，尽述世界杯七大冠军之风云，实乃盛事一桩。《体坛周报》的国际足球报道团队从业时间几乎都在十年以上，亲身经历过无数场比赛、无数次采访，他们为世界杯冠军立传，定能提供独到视角。

撰写阿根廷卷的程征是《体坛周报》最资深的国际足球记者。1986年世界杯，他曾现场见证了马拉多纳的"上帝之手"和"连过五人"。他和巴西卷作者小中，都是中国现在仅有的阿根廷足球和巴西足球专职记者。

赵威（法国）、彭雷（意大利）、梁宏业（西班牙）、王恕（德国）都是常年旅居欧洲的《体坛周报》记者。每个人的写法都有独到之处，赵威在述史中融入了他对当事人的采访；彭雷的意大利卷集合了各种趣事，绝对让你大开眼界；梁宏业没有拘泥于历史记录，而是将西班牙队、西班牙足球和皇马巴萨的前世今生联系起来；王恕的德国卷重点描述了一些幕后故事，如1974年世界杯上所谓的"贝肯鲍尔夺权"等。

如此系统、深入地梳理世界杯历史，在中国是破天荒之举。看了作者们的书稿，我才发现，很多熟知的"历史"不尽不实。例如1950年美国队1比0胜英格兰队，堪称世界杯史上最大冷门，事后出现了很多嘲笑英格兰队的报道，流传至今。本报驻伦敦记者刘川特地泡在大英图书馆查资料，发现很多"轶

事"只是段子。对于想洞察历史真相的足球迷来说，这套书不
容错过。

　　向辛苦写书的同事们致敬，向所有读者致敬。

　　祝享受世界杯、享受足球！

（本文作者系体坛传媒集团董事长）

推荐序四

既要爱又要梦想，还要金杯

张晓舟

　　"实用主义"这个词经常被用于足球上，与"艺术至上"形成对照。巴西足球从来都是当仁不让的"艺术足球"代言人，即使不是唯一，也是头号的代言人。"实用主义"这个词，貌似是巴西人天然的敌对代言人。

　　作为一种哲学思潮，实用主义的来源之一是法国哲学家孔德的实证主义。

　　茨威格在那部出版于1941年的名著《巴西：未来之国》中指出，孔德在巴西的影响大于对自己祖国的影响，巴西的宪法甚至大部分源于孔德的思想。1992年新启用的巴西国旗上，有一条拱形白带跨越天球，白带上用葡萄牙文写着"秩序与进步"，这一箴言正是来自孔德。

克洛德·列维·斯特劳斯和茨威格同样在20世纪30年代来到巴西。1934年他应圣保罗大学之邀来到巴西。这所大学当时也笼罩在孔德思想的统治之下，然而列维·斯特劳斯的旨趣迥然有异，他发掘和沉迷的是巴西印第安人的习俗、艺术和神话。透过孔德和列维·斯特劳斯这两位法国哲人，我们看到的是两个截然不同的巴西：一个以西方文明为指标，追求现代性，追求秩序与进步；一个则保持着野性思维，也即保持某种原始、本真的活力和民族特质。现代巴西正是在这种矛盾中前行，而足球，几乎成了巴西现代发展史的最佳载体。1934年在列维·斯特劳斯抵达圣保罗之际，巴西足球队正远征欧洲，参加意大利世界杯，两种文明互相发现、互相震撼、互相汲取。但作为曾经的殖民地，巴西，毕竟只能服从于西方文化本体的统治，只是一个弱势的他者，好在足球渐渐充当了弱者的游戏兼武器。

从小中的这本书中，我们可以透过足球感受到历史强劲的节奏，在"秩序与进步"与"野性的思维"之间、在西化与本土化之间的钟摆运动，尤其是进入20世纪80年代，尤其在军人独裁结束之后，巴西越来越卷入全球化的洪流，巴西足球也在艺术与实用之间左右摇摆。在全球化时代，足球或许是巴西人获得国际身份认同的最大媒介，但这种认同和荣誉不仅仅来自世界杯冠军，还必须来自一种信念：巴西人踢的理应是全世界最漂亮的足球。只有巴西人，会去苛求乃至责难一支踢得不漂亮的冠军球队——例如1994年佩雷拉带领的巴西队，在很多巴西人心目中的地位就不如1982年桑塔纳带领的那支巴西队。

请允许我再次谈到列维·斯特劳斯，他并非足球迷，但在巴西，《忧郁的热带》的作者是一尊永恒的大神。1951年，这位人类学大师发表《种族与历史·种族与文化》一文，强调文化融合，强调应该将各种文化各自的优势结合起来；但到了1971年，在联合国教科文组织的一场演讲中，他改变了观点，更强调文化差异，强调文化的某种不可通约性，甚至指出："人类应当重新认识到：凡是真正的创造活动，都意味着对其他价值保持某种程度的充耳不闻，甚至干脆拒绝它们，如果不是否定它们的话。"

巴西足球正好完美地代表了在文化融合与文化差异的矛盾中摇摆的巴西灵魂——它的迷茫、它的骄傲。但前提是，它还看得清自己的灵魂。

巴西足球一向被称作"桑巴足球"，但更确切的称呼，其实应该叫Ginga Soccer。那部著名的纪录电影《Ginga》淋漓尽致地揭示了巴西足球的灵魂。所谓Ginga，是源于一种叫卡波耶拉（Capoeira）的舞蹈艺术兼武术，卡波耶拉又源于16世纪的巴西非裔黑奴，既能自娱自乐，又具有某种反抗和战斗气息，直到20世纪30年代后才被正式允许在民间传习，这恰好和当时方兴未艾的足球狂潮形成合流，从卡波耶拉到Ginga的腾挪闪躲技巧，都是巴西足球的根基，是巴西的国粹。

而这就是内马尔的意义，尽管这支巴西队似乎还欠缺一点冠军的绝对实力，尽管斯科拉里依旧认为西班牙队才是最大热门，尽管内马尔还是过于年轻稍嫌稚嫩，但毕竟巴西人从他身上看到了2010年南非世界杯上，邓加所率领的那支巴西队球员身上所缺少的那股巴西足球的灵魂——Ginga。

希腊诗人埃利蒂斯有诗云：既要爱又要梦想，便是犯"重婚罪"。那么对于世界杯上的巴西人来说：既要爱又要梦想，还要金杯，那就不只是犯了"重婚罪"，还犯了"流氓罪"。

这就是巴西足球的双重罪孽和双重使命——既要艺术，又要结果，用至高的美去与魔鬼赌一个冠军。

然而，在1950年马拉卡纳惨败的历史阴影下，巴西人对待时隔64年之后重回巴西的又一次世界杯，似乎不敢有过高的奢求。历史的钟摆似乎静止了——巴西人渐渐进入了"给我冠军，其余免谈"的紧张节奏。

　　作为一个狂热的巴迷，我唯有祝福巴西人，而作为一个理性的评论者，我又不免设想：4年之后，《世界杯冠军志之巴西》会增加怎样的一章呢？

　　　　　　　　　　　　（本文作者系乐评人，足球评论员）

前 言

　　巴西人挂在嘴边的一句话是"上帝是巴西人"。巴西人还说："足球上帝也是巴西人。"足球的古代鼻祖是中国，山东淄博号称"蹴鞠之乡"。足球的现代鼻祖是英国，1863年《剑桥规则》的出台标志着现代足球正式诞生。而巴西则是毫无争议的足球王国，在足球项目上是受到上帝福佑的国度。

　　桑巴国度是第一个世界杯三次夺冠的国家，1970年墨西哥世界杯后永久保留雷米特杯。巴西还是第一个世界杯四冠王和五冠王，至今其五次夺冠仍无人能及。世界杯已经连续举办了19届，而巴西队从未缺席。2014年第20届世界杯巴西将作为东道主参加，足球王国是迄今为止参加了历届世界杯的唯一一个国家。

到目前为止，球王贝利是唯一一位夺得三次世界杯冠军的球员。和德国一样，巴西是杀入世界杯决赛次数最多的国家，共有7次。在这7次中，除了1950年本土世界杯和1998年世界杯屈居亚军之外，另外5次巴西队都夺冠。而德国队7次打进决赛，3次夺冠。世界杯历史上第一次点球制胜决出的冠军，就发生在巴西队身上。1994年美国世界杯决赛，巴西队与意大利队常规赛90分钟和加时赛都打平，点球大战巴西队胜出。

巴西足坛还涌现了"黑钻石"莱昂尼达斯、"小鸟"加林查、"白贝利"济科、"博士"苏格拉底、"独狼"罗马里奥、"长腿先生"里瓦尔多、"外星人"罗纳尔多、"绿茵精灵"罗纳尔迪尼奥、"国米皇帝"阿德里亚诺、"米兰金童"卡卡、"单车王子"罗比尼奥和"巴西梅西"内马尔等巨星。在属于足球的那片天空上，巴西巨星人数最多，星光也最璀璨。

巴西球星各有各的绝活儿。"黑钻石"莱昂尼达斯是倒挂金钩的鼻祖，迪迪是"落叶球"技术的创始人。球王贝利身体素质最好，技术也最为全面，速度也快。人球分过和挑球过人也许并非他首创，但都被他发挥到了极致。里维利诺开创了牛尾巴过人，这一动作被罗纳尔迪尼奥发扬光大。由于天生两腿一长一短，加林查的带球和过人无人能模仿。济科擅长的外脚背射门，苏格拉底令人销魂的脚后跟传球，罗马里奥的插花脚传球和射门，里瓦尔多的倒勾射门和三角盘球，罗纳尔多的钟摆式过人，罗比尼奥的踩单车……巴西巨星在球场上的发明创造不胜枚举。

上帝是巴西人，足球的上帝也是巴西人，笃信宗教的巴西人难免有些迷信。巴西足球之所以超凡脱俗，自有它主客观的原因。上帝也许青睐巴西，但这绝对不是主因。巴西足球之所以成功，巴西队之所以在世界杯上傲视群雄五次夺冠，首先是因为巴西人对足球的痴情。巴西人爱足球，在巴西的每片国土、每个角落，时时刻刻都有足球赛在上演。热爱是最好的老师，因为酷爱，巴西人把足球玩到了极致。

巴西地大物博，自然条件得天独厚，巴西人天性热情乐观、性格开朗，自然和性格上的因素也反映到了球场上，巴西队踢的是热情、开朗和明快的漂亮足球。巴西人能歌善舞，巴西的狂欢节举世闻名，巴西人踢的足球也揉入了桑巴舞欢快、明快和轻灵的节奏。巴西人传统武术项目之一是卡波埃拉，卡波埃拉又称"巴西战舞"或"闪舞"，由当年黑人奴隶逃跑时为躲避白人庄园主的追捕而创造，其基本要素Ginga（躲闪）又被巴西人智慧地融入到足球动作之中。

上帝也许不是巴西人，足球的上帝也许也不是巴西人。但上帝或者足球之神对巴西的青睐无以复加。至少巴西人自己相信上帝是巴西人，足球的上帝也是巴西人。2002年韩日世界杯第五冠巴西队主力中后卫、2010年南非世界杯巴西队队长卢西奥为巴西足球记者路易斯·米盖尔·佩雷拉的《巴西队圣经》写后记，他在最后一段这样写道："我不知道上帝是不是巴西人，就像好多人说的那样。但他确实太爱这个国家了，对此我一点都不怀疑！"

此书献给父亲李树棉，感谢母亲张玉英及妻子薛清华对我工作的大力支持。感谢《足球周刊》前主编助理卢劲，他是我的国际足球报道的开门人。感谢《体坛周报》副总编骆明，他是我的国际足球报道的引路人。还要感谢对本书有贡献的薛巨满、薛振宇、安秀兰。感谢生命，感谢生活。

目 录

一、世界杯初体验——
1930年乌拉圭世界杯

里约和圣保罗之争

1894年，20岁的查尔斯·米勒（Charles Miller）结束在英国的学业回到巴西。查尔斯·米勒的父亲是苏格兰人，母亲是英裔巴西人，查尔斯·米勒1874年11月24日出生于巴西圣保罗，1884年被父母送到英国学习。查尔斯酷爱体育运动，在汉普郡一家公立学校上学，他学会了踢足球、打橄榄球和壁球。1894

年2月18日回到圣保罗，查尔斯·米勒行李里装着两个足球和一本足球比赛规则。查尔斯·米勒后来被称为"巴西足球之父"，他带回巴西的不仅仅是两个足球和一本规则指南，他还带给巴西一个梦——一个足球的梦。

20世纪前20年，南美足坛的霸主是乌拉圭队，它于1924年巴黎奥运会和1928年阿姆斯特丹奥运会蝉联奥运男足冠军。与另一强敌阿根廷队交手，1914年8月20日创建的巴西国家队也胜少负多。不过，经过20多年的发展，巴西足球取得长足的进步，初步形成了自己的风格，与乌拉圭队和阿根廷队等南美对手交手互有胜负。1930年世界杯是史上第一届世界杯，恰巧又在巴西的邻国乌拉圭举行，巴西队参加起来相对方便。邻居举行盛大体育赛事，作为邻国的巴西肯定受到邀请。由于两国紧密的关系，得到邀请后又不好不参加。巴西人对足球日益喜爱，水平也逐步提高，巴西队想在国际大赛中测试一下自己的成色。正是在这种大背景下，巴西队参加了第一届世界杯。

"非凡之城"里约热内卢（简称：里约）当时是巴西的首都，也是巴西的政治、金融、文化和艺术中心。可那个时候，巴西已进入甘蔗种植和黄金热之后的第三个经济周期，主要经济活动是咖啡种植，而咖啡种植的重镇和贸易中心在圣保罗。经济基础决定上层建筑，圣保罗对首都里约开始不服气，两者之间的矛盾也日益突出和激化。当时巴西足协（CBF）还没有诞生，足球和其他体育项目都归总部设在首都的巴西体育联合会（CBD）统管，其主席为日后的国际足联主席阿维兰热。圣保罗对里约不服气，里约对圣保罗看不起。

巴西足球最早起源于圣保罗，圣保罗足球整体水平比里约强。可心胸狭窄的巴西体育联合会做出了一个错误的决定，在巴西队教练组里没有邀请哪怕一位圣保罗人。圣保罗州联赛主席埃尔皮迪奥·德·帕瓦·阿泽韦多（Elpídio de Paiva Azevedo）决定抵制世界杯，不放圣保罗州籍球员去巴西队。圣保罗竞技体育协会（Apea）也很恼火，作为报复，它也不允许圣保罗州各俱乐部放人去巴西队。圣保罗竞技体育协会不放人的理由也很冠冕堂皇，由于巴西体育联合会在世界杯马上就开始了才征召球员，因此圣保罗球员准备不足，作为"家长"，他们没有足够的时间"把家里的事情安排妥当，因为参加世界杯的话，他们得好长时间远离家人"。

由于缺少弗雷登里希等圣保罗球星，在自己的第一次世界杯比赛中，巴西队远未显出强者风范，令人很难想象未来它会成为世界足坛的一流强队。那届世界杯有13支球队参赛，小组首战，巴西队1比2不敌南斯拉夫队，次战玻利维亚队，巴西队4比0取胜。但这一大胜已不能确保巴西队在小组出线，因为三天前，南斯拉夫队以相同的比分击败了玻利维亚队。就这样，巴西队结束了第一次世界杯征程。在13支参赛球队中，巴西队名列第6，成绩还算不错。对阵南斯拉夫队的第62分钟，布雷吉尼奥为巴西队打进世界杯历史上第一球。次战对玻利维亚队，布雷吉尼奥梅开二度。两场比赛打进3球，布雷吉尼奥的水平确实不低。此时，足球在巴西国内已经被广泛接受，成了巴西人最为喜爱的体育项目。参加了世界杯，还为巴西队打进3球，布雷吉尼奥的名气大增。布雷吉尼奥的父亲是巴西著名作家科埃略·内托。世界杯之前，老爸的名气比儿子响。世界杯过后，儿子的名气远超过老爸。科埃略·内托曾抱怨说："我已经写了100多本书，可在街上，我还是被说成是布雷吉尼奥的父亲。"

　　第一次世界杯止步小组战，除了巴西队没能派出最强阵容，还有另外几个因素。这是巴西队第一次参加世界杯，巴西球员普遍缺乏国际大赛经验。1930年世界杯在7月份举行，那时正是乌拉圭的寒冬。相比于寒冷的乌拉圭，里约热内卢基本上没有冬天。严寒的天气也严重影响了巴西队的发挥。此外，巴西队球员身体上准备得不尽如人意，乌拉圭虽是邻国，但坐船到蒙得维的亚也坐了15天，车马劳顿之后，巴西队疲惫不堪。对南斯拉夫队一战，是巴西队第一次与欧洲球队交手，面对人高马大的欧洲人，巴西球员显得有点害怕，没能发挥出最佳的水平。

其实巴西队的实力远不止如此。一个月后，巴西队在里约热内卢先后迎战参加完世界杯，从乌拉圭首都蒙得维的亚坐船来的法国、美国和南斯拉夫队。这一次是在家里作战，且里约热内卢与圣保罗两州的矛盾化解，巴西队以最强阵容出战。8月1日，巴西队3比2击败法国队，8月10日以4比1大胜南斯拉夫队，8月17日以4比0完胜美国队。那届世界杯，乌拉圭队夺冠，阿根廷队屈居亚军，美国队第三，南斯拉夫队第四。而一年后，1931年9月6日，在里约，巴西队又2比0击败世界杯和奥运会双料冠军乌拉圭队。

弗雷登里希

1930年乌拉圭世界杯，巴西队基本上全部由里约热内卢籍球员构成。巴西队也征召了一位圣保罗州籍球员：前锋阿拉肯·帕图斯卡（Arken Patuska）。阿拉肯·帕图斯卡当时正跟桑托斯俱乐部闹矛盾，他想去圣保罗队，可桑托斯俱乐部不放人，事情就僵在那里。阿拉肯·帕图斯卡不听桑托斯俱乐部的调度，因此他才得以去了乌拉圭世界杯。1930年乌拉圭世界杯，巴西队最大缺席者是阿图尔·弗雷登里希（Arthur

Friedenreich），巴西足球业余时期的第一位巨星。

弗雷登里希1892年7月18日出生于圣保罗，1969年9月6日去世，享年77岁。弗雷登里希身高1.78米，场上位置是前锋。他外号"老虎"（El Tigre），队友或亲近的人则昵称他"弗雷德"。弗雷登里希曾效力圣保罗、桑托斯、巴西国际和弗拉门戈等巴西足球俱乐部，1935年退役时已经43岁。1930年乌拉圭世界杯时，弗雷登里希已经38岁，但年龄还不算太老，5年后他才挂靴，因此乌拉圭世界杯时他还可以为巴西队效力。可由于里约和圣保罗两州的积怨，弗雷登里希这样一位足坛巨星成了政治斗争的牺牲品，他也成了第一个无缘世界杯的桑巴巨星。未能参加乌拉圭世界杯，这成了弗雷登里希职业生涯最大的遗憾。

弗雷登里希是德国移民的后代，父亲是德国商人，母亲是一位巴西黑人洗衣工，他本人是黑白混血儿，有着绿色的眼睛。小时候，弗雷登里希就表现出出众的足球才华，其父亲奥斯卡经常骄傲地跟别人说："亚图尔的脚值黄金价。"在巴西足球早期，足球是精英的一项体育运动，不允许黑人参加。身为黑白混血儿这个因素，使弗雷登里希得以效力巴西大俱乐部。他的肤色不是那么黑，顶多像是白人在海边晒太阳晒多了而形成的那种古铜色。因此他被当成白人，而不用像有些黑人球员那样，为了冒充白人，比赛前要往脸上涂抹白粉。不过，弗雷登里希的头发还是会暴露他黑白混血儿的基因遗传，头发卷曲得实在太厉害了。为了遮人眼目，每次比赛前弗雷登里希都要对自己的头发做一番精心的处理。他耐心地往自己头发上涂抹发油，并将热毛巾敷在头发上，把头发弄直一些。每场比赛上场前，弗雷登里希都是最后一个从更衣室里出来的。他不是像现在的球星那样耍大牌，而实在是因为把头发拉直是一个费时良多的过程。

时至今日，弗雷登里希仍被认为是巴西足球历史上最优秀的前锋之一。有的人说，弗雷登里希像贝利一样好，或者比贝利更好。当然了，这只是一家之言，不过却也说明"老虎"确实十分了得。受当时条件所限，人们对于弗雷登里希在俱乐部的进球数没有准确的统计。他为巴西队出战23场，打进10球。除1919年美洲杯冠军之外，1921年在阿根廷美洲杯上，弗雷登里希还率巴西队拿过亚军。球王贝利打进1283球为人所知，就连"独狼"罗马里奥职业生涯进球数也超过千球。而弗雷登里希是第一位打进千球的球员，却很少有人知道。

弗雷登里希的特点是踢球时有想象力，擅长即兴发挥，技术好，球踢得漂亮。当时的巴西足球，还是业余性质，可以说正处于少年时代。弗雷登里希发明创造了许多新技术，比如动作幅度很小且变向突然的过人、弧线球和假动作晃动。弗雷登里希的外号是他率巴西队夺得1919年南美锦标赛（现在的美洲杯）冠军之后邻国乌拉圭人送的，乌拉圭和阿根廷记者们还给他起了个外号叫"美洲情人"。由于年代久远，关于弗雷登里希，后人所知甚少。

据那个年代的新闻报道和其他记载描述，弗雷登里希在场上是一位聪明睿智的球员，他或许是他那个年代最懂得足球秘密的人，知道何时和怎么进球。1925年3月，弗雷登里希随圣保罗队去欧洲打比赛，10场比赛他的球队赢了9场。对法国国家队，圣保罗队7比1大胜，弗雷登里希一人独进3球。那是巴西球队第一次到国外打比赛，在法国，他赢得了"球王"（Roi Du Football）的美誉。1928年9月16日，在圣保罗队对拉帕联盟的比赛中，弗雷登里希一人独进7球，创下了当时的单场比赛进球纪录。比赛中，弗雷登里希还莫名其妙地射失了一粒点球。退役之后，弗雷登里希生活困窘，住在圣保罗俱乐部免费提供的一所房子里，直到1969年9月6日逝世。

1000个进球去哪儿了？

关于弗雷登里希的进球数，时至今日仍没有定论。自弗雷登里希开始踢球起，他父亲奥斯卡就在小本子上记录儿子的每个进球。1918年，弗雷登里希把这个任务交给了自己在圣保罗队的队友，同样踢前锋的马里奥·德·安德拉德。受人之托，成人之事。安德拉德也很负责，随后17年时间一直记录着弗雷登里希的进球数，直到"老虎"于1935年7月21日在弗拉门戈退役。1962年，安德拉德向记者德·瓦内（De Vaney）透露，他手头有弗雷登里希所有比赛和进球的记录，这些材料证明弗雷登里希职业生涯打了1329场比赛，总共进了1239球。安德拉德之所以信任德·瓦内，是因为后者是巴西当时最有名的足球专家。他手头收集的足球数据卡片就有30多万张，哪个进球才是贝利的第1000个进球，就连球王自己也不清楚，而是以德·瓦内的统计为准。

安德拉德让德·瓦内看了他手头的资料，但没有马上把资料交给记者，他还想再重新审核一遍。但不幸的是，还没等他拿出这些记录材料，安德拉德就去世了。德·瓦内去找安德拉德的遗孀，翻遍了家里的每个角落，也没找到那堆资料。安德拉德的家人都对足球不感兴趣，他们认为他留下的只是一堆废纸，就给扔掉了，被桑托斯市政府的垃圾清运车给拉走了。德·瓦内还不死心，他还去桑托斯市政府下设的环卫部门找，但最终还是没找到那批宝贵的材料。德·瓦内决定在报纸公布弗雷登里希的进球数，不过，由于"1329"和"1239"这两个数字很相像，他把弗雷登里希的进球数错误地写成"1329"球。1965年，在马科斯·德·卡斯特罗和若昂·马克西姆合著的《巴西足坛巨人》一书中，两位作者就采用了德·瓦内的数字。此后，其他书籍不作辨别就采用，甚至就连国际足联也承认了这一数字。

不过，一位名叫亚历山大·达·科斯塔的记者是个有心人，他查阅了当年《圣保罗邮报》和《圣保罗州报》关于弗雷登里希比赛和进球数的报道，得出一组新数字。按达·科斯塔的统计，在职业生涯里，弗雷登里希总共打了561场比赛，进了554球。为了完成这一统计，达·科斯塔至少查阅了上述两份报纸，因此他的数据有一定的权威性。在自己写的《足球老虎》一书中，达·科斯塔公布了这组数字。在那之前，弗雷登里希打进千球已为人所普遍接受，弗雷登里希是巴西足坛的一段传奇。达·科斯塔这样做是不是有点伤巴西人的民族自尊？《足坛老虎》一书的作者当时说："我毁掉了一个神话。我喜爱弗雷德，我这样做只是想把问题搞清楚。"

问题是达·科斯塔的数据也不全面。他的《足坛老虎》面世几个星期后，另一本书《弗雷德VS贝利》也面世了。在此书中，两位作者之一的塞维利诺·菲利奥得出一组新的数据。按他的统计，职业生涯，弗雷登里希打了562场比赛，总共进了558球。对此，达·科斯塔表态说："任何统计数字都不完美，都可以再精益求精。"《足坛老虎》作者的话也有道理。时至今日，关于弗雷登里希职业生涯到底打了多少场比赛、进了多少球，巴西国内也还没有最终的定论。

二、最差世界杯成绩——
1934年意大利世界杯

去欧洲的客轮

为国效力还有出场费？尤其是在足球非职业化的20世纪30年代。是的，别再对此有哪怕一点的怀疑。代表巴西打1934年意大利世界杯，莱昂尼达斯就有30康托的进账。1康托（Conto de Reis）等于100万旧雷亚尔（Reis），30康托应相当于3000万旧雷亚尔。由于时代的变迁和货币的贬值，很难将康托换算成现时的货币。莱昂尼达斯拿到的30康托购买力如何？在当时，这30康托可以购买一辆7轮豪车。

世界杯正越来越吸引全世界各国关注。1930年乌拉圭世界杯只有13支球队参赛，四年后的意大利世界杯，共有32个国家报名参赛。32个国家都去意大利不现实，那时还没有哪个国家有举办这样大规模赛事的能力。于是世界杯历史上第一次有了淘汰赛。作为东道主，意大利队也打了淘汰赛，他们4比0击败希腊队晋级。上届世界杯冠军乌拉圭队拒绝参赛，以作为对大多数欧洲球队没参加乌拉圭世界杯的报复。由于对手秘鲁队弃权，巴西队则没打淘汰赛，直接晋级意大利世界杯。

第一届世界杯时，里约和圣保罗的政治斗争削弱了巴西队。四年之后，情况并没有丝毫的改观。巴西体育联合会（CBD）是业余体育性质的，而圣保罗已经搞起了职业足球，他们成立了巴西足球联合会（FBF）。为了使其球员不得到巴西体育联合会的征召，圣保罗豪门球队之一的帕尔梅拉斯甚至把它的球员带到圣保罗州内地的一家农庄里藏了起来。由于这样的争端，1934年意大利世界杯也是巴西队参赛球员最少的一届。只有17名球员到了意大利。巴西队离开巴西赶赴意大利之前三天，巴西体育联合会还在尝试说服5位圣保罗球星。在各大报纸上，巴西队也公布了被征召的这五人的名字。尽管还没做通工作，巴西体育联合会却为这五人都报了名。可这五人最终没有去。

去意大利，巴西队乘坐的是"比安卡马诺伯爵"（Conte Biancamano）号客轮。该客轮可以乘坐1718名乘客。它从里约热内卢起航，中途停靠达喀尔补充水分和给养。怕球员们长途旅行体重增加，主教练路易斯·维尼亚斯制订了一份每日锻炼计划，巴西球员们除了要在甲板上做一个小时的体操，还要在游泳池里游两个小时。"比安卡马诺伯爵"号还在西班牙巴塞罗那停靠，巴西队世界杯首战对手西班牙队在那里上了客轮。在巴塞罗那，巴西队才第一次有机会打了一场训练赛。由于时间紧，训练赛只打了40分钟，一点也起不到备战的作用。经过12天的航行，巴西队最终抵达热那亚，而那时距世界杯首战开始只剩72个小时。西班牙队同船到达，但他们的旅途太短，相对巴西队，他们可以以逸待劳。5月27日，首战对西班牙队，巴西队1比3告负。实力是一个因素，而疲劳则是巴西队的最大杀手。

1930年乌拉圭世界杯和1938年法国世界杯，巴西队也是坐轮船去的。1930年世界杯去蒙得维的亚，巴西队搭乘的"维尔德伯爵"（Conte Verde）号简直就是个公共汽车。"维尔德伯爵"号1930年6月20日从热那亚起航，船上坐着罗马尼亚队。第二天，"维尔德伯爵"号在法国滨海自由城（Villefranche-Sur-

Mer）靠岸，法国队全体成员和国际足联主席儒勒·雷米特等国际足联高官也上了船。在巴塞罗那，"维尔德伯爵"号再次停靠，从国内乘车赶来的比利时队也上了船。在葡萄牙首都里斯本、马德拉群岛和加那利群岛做停靠之后，"维尔德伯爵"号才抵达当时的巴西首都里约热内卢。"维尔德伯爵"号在里约停了两晚，巴西队大部分成员都上了船。之后，"维尔德伯爵"号又在桑托斯港依靠，唯一得到征召的圣保罗籍球员阿拉肯·帕图斯卡（Araken Patusca）上船。巴西队主教练平达罗·德·卡瓦略和两位巴西队球员因为个人原因未搭乘"维尔德伯爵"号，他们比大部队晚了一周才抵达乌拉圭首都蒙得维的亚。

最差世界杯成绩

1938年法国世界杯，从巴西到法国，巴西队坐了15天的船，他们搭乘的是一艘名为"阿尔兰萨"（Arlanza）的客轮。长途的旅行不仅令人疲惫，还让人提心吊胆，因为海上航行并非总是风平浪静。尽管主教练阿德马尔·皮门塔（Ademar Pimenta）采取严厉的训练制度，每天带队在客轮的甲板上锻炼身体，但他还是没能控制住巴西队球员的体重。到欧洲时，巴西队球员普遍增加了体重。最夸张的例子是弗卢米嫩塞球员罗梅乌·佩利恰利（Romeu Pellicciari）。离开巴西时他体重70千克，抵达法国时，他体重增加到79千克。15天的时间，佩利恰利的体重长了9千克。

在1934年世界杯上，巴西队首战对阵西班牙队之前，在意大利国土上只进行了一次训练，比赛不输才怪。那时的巴西足球管理水平还非常业余。在国际足联那里，巴西队注册参赛的主教练是路易斯·维尼亚斯（Luís Vinhais），但实际上的主教练却是卡尔利托·罗查。而罗查注册的身份却是裁判，因此巴西队比赛时，他不能坐在教练席指挥，只能以巴西代表团成员的身份观看比赛。巴西队首战就遇到西班牙队这个强大的对手。上半场进行到第30分钟时，巴西队已经0比2落后。上半场第17分钟，巴西队曾获得点球机会，但被西班牙队神奇门将萨莫拉（Zamora）扑出。

上半场结束时，巴西队已经0比3落后。下半场第27分钟，莱昂尼达斯为巴西队打进一球。首战失利，巴西队遭淘汰。1934年世界杯，只打了一场比赛就早早离开，那是巴西队成绩最差的一届世界杯，巴西队最终排名第十四。唯一令巴西人感到欣慰的是莱昂尼达斯的进球。在欧洲，尽管对手很强大，但巴西队也能进球，这说明巴西足球强大的进攻实力。输给西班牙队也正常，就连最终夺冠的意大利队主教练波佐也说，1934年夺冠进程中，最难打的就是西班牙队。

1934年意大利世界杯首轮便遭淘汰，巴西队没有马上回国。来一趟欧洲不容易，6月3日，巴西队移师南斯拉夫首都贝尔格莱德，与无缘意大利世界杯的南斯拉夫国家队打了一场友谊赛。对西班牙1比3输球，对南斯拉夫队，巴西队输得更惨，被对手打了一个8比4。对南斯拉夫队一战，巴西队阵中表现最出色的仍是莱昂尼达斯。他不仅打破比赛僵局，而且还上演"帽子戏法"。但4比8的比分实在太耻辱，世人得出一种印象：巴西只是个足球弱国，是国际足坛的鱼腩。1930年乌拉圭世界杯，东道主和阿根廷队杀入决赛，它们是公认的南美两强。在当时，巴西是仅次于乌拉圭和阿根廷的南美第三足球强国。可别人并不这样认为，大多数人的看法是乌拉圭、阿根廷、意大利和英格兰是当时公认的足球强国，巴西只处于足球疆界的边缘。

在1930年世界杯之前，奥运会男足比赛是世界上最为重要的足球赛事。邻国乌拉圭在1924年巴黎奥运会和1928年阿姆斯特丹奥运会蝉联冠军，可巴西队还从来没有参加过奥运会。尽管巴西足球人才济济，但巴西足球赛事水平却很低。与其他大多数足球强国普遍实行职业足球相反，巴西足球还处于业余阶段。在南美和世界范围内，巴西足球受到轻视。1934年世界杯打得如此糟糕，其实也与巴西队备战不充分有关。5月27日一战是巴西队当年打的第一场比赛。1933年一整年，由于南美没有国际赛事，巴西队竟然一场比赛未打。1934年意大利世界杯首战之前，巴西队的最近一场比赛竟然是1932年12月11日对阵乌拉圭民族队。两场比赛之间隔了1年零5个月的时间。

4比8惨败给南斯拉夫队之后，巴西队又在欧洲打了7场比赛。意大利世界杯正进行得如火如荼，巴西队名气太小，其他没参加世界杯的欧洲国家队也不愿意与巴西队打比赛。对战南斯拉夫队之后在欧洲打的7场比赛，巴西队的对手都不是国家队，而只是俱乐部队，包括萨格勒布的格拉旦斯基、西班牙的加泰罗尼亚和巴塞罗那、葡萄牙的本菲卡—比兰伦斯联队、里斯本竞技以及波尔图。回到国内，巴西队又打了12场比赛，对手都是巴西国内俱乐部或州联队。1935年2月24日，巴西队在里约热内卢跟阿根廷河床打了一场比赛。1935年剩下的时间，巴西队一场比赛没打。只是到了1936年南美锦标赛首战对秘鲁队，巴西队才又一次与一支国家队交手。

"天降大师" 多明戈斯

第一届世界杯，巴西队最大的缺席者是"老虎"弗雷登里希。第二届世界杯，巴西队的最大缺席者是绰号"天降大师"（Divino Mestre）的中后卫多明戈斯·安东尼奥·达吉亚（Domingos António da Guia）。多明戈斯·达吉亚1912年11月19日出生于里约热内卢，2000年5月16日辞世，享年87岁。和他三个兄弟以及儿子阿德米尔·达吉亚一样，他是班固俱乐部培养出的球星。在20世纪上半叶，班固也是里约乃至巴西的一支强队。1934年世界杯时，多明戈斯·达吉亚正效力乌拉圭民族队，踢的是职业足球。乌拉圭抵制意大利世界杯，再加上多明戈斯·达吉亚是职业球员，可能是这个因素使他无缘1934年意大利世界杯。

时至今日，多明戈斯·达吉亚仍被视为足球史上最好的中后卫之一。多明戈斯·达吉亚技术出众，控球好，皮球在他脚下服服帖帖。他也是一个创新性的后卫，踢球时总抬着头，对比赛的预测能力非常强，防守能力也出色，他很少犯规，可对手要过他几乎不可能。多明戈斯·达吉亚还擅长插上助攻，他踢球的方式古典而优雅。在场上，多明戈斯·达吉亚的一个招牌动作是带球过后卫。那风险很高，但每次过人多明戈斯都有惊无险，他的过人动作还被命名为"多明戈斯式"
（Domingada）。

　　1933年在乌拉圭民族队，多明戈斯·达吉亚帮助球队拿
到了乌拉圭联赛冠军。1935年在博卡青年，多明戈斯·达吉亚
也率队夺得阿根廷联赛冠军。在巴西国内，多明戈斯·达吉亚
曾效力达伽马、弗拉门戈和科林蒂安，拿过的冠军不可胜数。
与多明戈·达吉亚同时代的乌拉圭巨星奥布杜里奥·瓦雷拉
（Obdulio Varela）认为多明戈斯·达吉亚是巴西最好的球员。
1970年瓦雷拉接受一位巴西记者采访时，曾这样称赞这位巴西
中后卫："你们有过的最好球员是多明戈斯，他非常全面。在
巴西拿过冠军，在乌拉圭拿过冠军，在阿根廷也拿过冠军。"

　　无缘意大利世界杯是个遗憾，但多明戈斯·达吉亚还是比
前辈弗雷登里希幸运，他参加了1938年法国世界杯。在那届世
界杯，巴西队拿到了第三名。小组首战波兰队，多明戈斯·达
吉亚和莱昂尼达斯表现出色，巴西队6比5险胜波兰队。在另一
场比赛中，德国队2比4不敌瑞士队。那个年代政府强调种族
融合，巴西队是种族和谐的一面镜子，既有白人球员，也有
黑人球员。而在欧洲，法西斯势力抬头，德国有人鼓吹雅利
安人优越论。以黑人为主的巴西队赢了欧洲球队，证明雅利安
人种优越论站不住脚。而巴西国内也正是从此时开始，认识到

黑白混血、种族融合不是一个劣势，反而是个优势，尤其是在足球上。

以这种思维，巴西巴伊亚州漫画家贾尔马·皮雷斯·费雷拉（Djalma Pires Ferreira）画了一幅漫画。漫画中，多明戈斯·达吉亚又高大又强壮，而希特勒则个子矮小、肚子凸起，在多明戈斯·达吉亚面前显得非常害怕。漫画家贾尔马·皮雷斯·费雷拉也向世人说明，与希特勒的白人至上种族主义观点所鼓吹的相反，相对于巴西混血儿，德国人反而处于劣势，而在瑞士世界杯上的成绩也证明了这一点。

达吉亚一家，是巴西足球历史上一个重要的家族。他哥哥拉迪斯劳·达吉亚（Ladislau da Guia）是班固俱乐部史上最伟大射手，325战打进222球。拉迪斯劳·达吉亚出生于1906年6月27日，场上位置是前锋，身高1.90米，那个年代长那么高不容易。多明戈斯的儿子阿德米尔·达吉亚也是巴西足球巨星之一。阿德米尔·达吉亚1942年4月3日出生于里约，但他却是帕尔梅拉斯历史上最伟大的球星，长达16年时间是这家圣保罗豪门球队的中场核心。在球王贝利时代，帕尔梅拉斯队是唯一一支能与桑托斯队抗衡的巴西国内球队。

阿德米尔·达吉亚也是巴西足球史上受到不公正对待的巨星之一。尽管技艺超群，但他只得到过巴西队14次征召。他参加了1974年德国世界杯，但只是在第二阶段小组赛被荷兰队淘汰之后，在第三名争夺中对波兰队时才获得了世界杯上的唯一一次出场机会。1992年11月，接受《巴西日报》采访时，老父亲多明戈斯·达吉亚曾为儿子鸣不平。多明戈斯·达吉亚说："第一我选加林查，之后是贝利、济济尼奥、阿德米尔、里维利诺、热尔松、济科和我的儿子阿德米尔。"

三、"黑钻石"莱昂尼达斯——1938年法国世界杯

"黑钻石"助巴西初登领奖台

在经历了1930年乌拉圭世界杯的里约与圣保罗之争和1934年意大利世界杯的业余与职业之争之后,1938年世界杯,巴西第一次派出了它的最强阵容。1938年世界杯,阿根廷提出申办,如果按照大洲轮流主办原则,1938年世界杯应该是阿根廷世界杯。法国获得主办权后,美洲国家集体抵制,只有古

巴和巴西参赛。法国世界杯是第一届在巴西国内有转播的世界杯，5家巴西电台全程转播了法国世界杯。

吸取上次世界杯的教训，这一次巴西队提前19天到了法国。巴西人精湛的球技令法国人叹为观止。在看了巴西队的训练之后，法国报纸《汽车报》这样写道："足球在双脚间，巴西人是完美的艺术家。对他们而言，过人不是奥秘。他们的动作灵活，他们的巧与妙显而易见。这是一支令对手胆寒的球队。"《汽车报》是著名的法国《队报》（L'Equipe）的前身，能得到法国人如此高的评价，证明最强阵容出战世界杯的巴西队确实实力不俗。就连国际足联主席、法国人儒勒·雷米特也称赞了巴西队，法国舆论甚至希望这届世界杯能上演法国对巴西的决赛。当然了，法国人希望出现这样的结果，也是为了气一气抵制这届世界杯的阿根廷人。

对巴西人而言，1938年法国世界杯，注定是莱昂尼达斯的世界杯。首战波兰队，莱昂尼达斯就让欧洲见识了他的厉害。1934年柏林奥运会，波兰队在男足比赛中名列第四，他们有点看不起巴西人。赛前，波兰队助理教练约瑟夫·斯波约达（Joseph Spojda）口出狂言："波兰队不会一成不变，他们知道如何适应对手的风格，能马上就发现对手的弱点。"巴西队与波兰队一战势均力敌，比赛时大雨倾盆。莱昂尼达斯首开纪录，巴西队上半场3比1领先，下半场却被对手3比3扳平，巴西队再度领先，波兰人又顽强扳成4比4平。加时赛，莱昂尼达斯连进两球，波兰前锋维利莫维斯基（Willimowski）打进一球，但巴西队6比5取胜。不过，在进球数上，上演"帽子戏法"的维利莫维斯基一人独进4球。赛后，巴西主教练阿德马尔·皮门塔（Ademar Pimenta）故意气波兰人："大雨这个对手可真厉害！"

　　世界杯小组首战对波兰队，莱昂尼达斯还打进了世界杯历史上唯一的一粒光脚进球。比赛中，莱昂尼达斯的球鞋破了，站在波兰禁区附近的他打算去场边换鞋。波兰门将发门球，在触球的那一瞬间，他脚下打滑，皮球正好踢到莱昂尼达斯脚下。对方门将失误送大礼，莱昂尼达斯可不客气。尽管一只脚光着，一只手拿着破了的球鞋，可莱昂尼达斯抬脚就射，用的正是光着的右脚，皮球进了。莱昂尼达斯进了球之后，主裁判伊万·埃克林德（Ivan Eklind）才发现他光着脚，便让他赶紧把鞋穿上。另一种说法是，莱昂尼达斯射门时是没穿球鞋，不过他也不是光着脚，而是穿着袜子。还有一种说法是，进球时莱昂尼达斯手里没提着鞋，他已把鞋给了巴西队工作人员，让他们缝补好。由于年代久远，很难再真实还原历史的真相。莱昂尼达斯哪个球是光脚进的？按巴西媒体的说法，加时赛的第一个球就是那个著名的光脚进球。

1/4决赛对捷克斯洛伐克队，巴西队1比1与对手打平，莱昂尼达斯进球。那时还没有点球大战定胜负一说，常规90分钟和加时赛打平，只能择日再战。两天后，巴西队派出全替补阵容，主力中只有门将瓦尔特尔（Walter）和莱昂尼达斯留在阵中。那是世界杯历史上巴西队第一次派替补出战，巴西队2比1取胜，莱昂尼达斯梅开二度。不过，在比赛中，莱昂尼达斯受伤，半决赛对意大利队上不了场。对于意大利人来说，莱昂尼达斯的缺席是个天大喜讯。赛前，意大利中后卫福尼（Foni）说："得知莱昂尼达斯不上场，这无异于是天上掉下来的礼物。他是一位真正的艺术家，是足球场上的杂技演员，本届世界杯上他让所有人眼前一亮。"半决赛对意大利队，缺少了莱昂尼达斯的巴西队1比2告负，三四名争夺战，巴西队4比2击败瑞典队，莱昂尼达斯再度梅开二度。

半决赛他为何没上场？

对意大利队关键一战，莱昂尼达斯却没能上场。至于他为何没上场，坊间有多个说法。有人认为是主教练阿德马尔·皮门塔跟莱昂尼达斯产生了矛盾，故意不让莱昂尼达斯上场，对外界反倒谎称他有伤在身。还有一种说法是，此前对捷克斯洛伐克队两战都上场，莱昂尼达斯身体有点疲劳，不让他上场，是为了让他做好准备打决赛。30多年后，在接受巴西媒体采访时，莱昂尼达斯给出了自己的版本。莱昂尼达斯说："1938年法国世界杯，巴西队非常不错。里约和圣保罗握手言和，巴西队第一次征召了它最好的球员。对意大利队我没上场，有各种各样的说法，但事实是我没上场就是因为我受了伤。"

对捷克斯洛伐克队的首战史称"波尔多战役"，捷克斯洛伐克人踢得非常凶狠，场面异常惨烈。莱昂尼达斯成了对手在场上围猎的对象，他一拿球，捷克斯洛伐克人就冲上去粗野地对他犯规。第二战两天后就打，主教练阿德马尔·皮门塔的本意是派上全替补阵容，巴西队替补们以逸待劳，应该可以击败对手。由于第一战被犯规太多，对捷克斯洛伐克队第二战前，莱昂尼达斯感觉腿部疼痛。在巴西队中，莱昂尼达斯的直接替补是尼吉尼奥（Niginho），他因为法律问题上不了场，不得已，主教练阿德马尔·皮门塔才派感觉不适的莱昂尼达斯上场，而没有让他轮休。尼吉尼奥当时效力达伽马，但他曾效力拉齐奥，而且拥有意大利国籍，到底该代表哪支国家队打世界杯出现争议。如果派尼吉尼奥上场，巴西队担心意大利队抗议。半决赛对意大利队，尽管莱昂尼达斯上不了场，巴西队还是没有派尼吉尼奥出战。

没能杀入决赛，巴西人略感遗憾。可莱昂尼达斯第一次把巴西队带上领奖台，那是巴西足球截至当时在世界杯上的最好成绩。世人第一次认识了真正的巴西足球，巴西足球也获得了世人的尊重。在1938年世界杯期间，法国人也为莱昂尼达斯所倾倒。惊叹他出色的柔韧性和灵活的动作，法国人送他"橡胶人"和"黑钻石"的外号。那届世界杯，莱昂尼达斯一人独进7球，这是巴西人第一次成为世界杯最佳射手。按巴西人的统计，莱昂尼达斯在法国世界杯上总共打进8球。不过按照国际足联的官方统计，对捷克斯洛伐克队第二战莱昂尼达斯所进的第二个球算到了其队友罗伯托身上，国际足联只承认莱昂尼达斯进了7球。

莱昂尼达斯让世界认识了巴西足球，惊叹于巴西足球的魅力。但也有人持不同看法，认为巴西这种以个人自由发挥为基础的足球无法取得太好的成绩。法国队队长卢西亚诺·甘布林接受巴黎一家报纸采访时就批评了巴西队。甘布林说："足球的法律只有一个。不管巴西球员天赋如何出众，他们应该遵守规则，遵守纪律。对阵世界杯强队，巴西球员的杂耍不管用，强队们知道足球该怎么踢。"而捷克队主力门将弗兰蒂塞克·普拉尼奇卡（Frantisek Planicka）也说："巴西队的进攻非常出色，但他们的防守好像稀松平常。"欧洲人的批评也有道理，可用不了多少年，他们就能见识桑巴足球的巨大威力。

1938年世界杯后，巴西国内生产"木兰牌"香烟的企业举行了一次民意调查，莱昂尼达斯当选巴西最受民众喜爱的足球运动员。搭法国世界杯上莱昂尼达斯出色表现的顺风车，巴西一家名叫拉克塔（Lacta）的企业推出"黑钻石"牌巧克力，请莱昂尼达斯做形象代言人，在巧克力的包装上印上了莱昂尼达斯的照片。该品牌的巧克力在巴西国内大卖，莱昂尼达斯个人赚了20康托的广告费。时至今日，"黑钻石"牌巧克力仍是巴西市场卖得最好的巧克力品牌。不仅是拉克塔公司，巴西国内一些商场也利用莱昂尼达斯的名气，花钱请莱昂尼达斯去它们的商店，目的是为吸引顾客。

尽管再没参加世界杯，但莱昂尼达斯的名气有增无减。有种说法是，莱昂尼达斯名气堪比当时的共和国总统热图利奥·瓦加斯（Getúlio Vargas）。瓦加斯是巴西历史上著名的"民粹主义"总统，他建立"新国家"体制，相当于一种温和的法西斯主义在拉美的翻版。瓦加斯总统极得巴西民众拥护，人称"穷人的总统"。名气能与瓦加斯比肩，说明莱昂尼达斯确实深受巴西人喜爱。1942年加盟圣保罗，穿三色球衫的首秀，7万多观众到帕卡安布球场观看圣保罗与科林蒂安的比赛，创下了帕卡安布球场史上上座率最高纪录。

　　莱昂尼达斯一直与圣保罗保持着紧密的关系。1951年，莱昂尼达斯退役，但退役之后，他的生活还与足球有联系。他做过圣保罗俱乐部领导层，之后成为体育评论员。1974年，由于罹患阿兹海默症，也就是俗称的老年痴呆，莱昂尼达斯被迫结束体育评论员生涯。直到2004年1月24日逝世，莱昂尼达斯长达30年的时间一直住在圣保罗一家老人治疗院。莱昂尼达斯的妻子阿尔贝蒂娜·桑托斯是一位值得所有人尊敬的女性。在30年时间里，她每天都去老人治疗院里陪伴丈夫，精心地照料他，陪他说话解闷儿。圣保罗俱乐部对前球星也算仁至义尽，莱昂尼达斯所有的治疗费用都由该俱乐部支付。

倒勾之父？

　　莱昂尼达斯何许人也？莱昂尼达斯1913年9月6日出生于里约热内卢，2004年1月24日去世，享年90岁。莱昂尼达斯的父亲是葡萄牙海员，母亲是一位黑人厨娘。莱昂尼达斯个子矮小，只有1.65米。据莱昂尼达斯传记《黑钻石》作者安德烈·里贝罗说，莱昂尼达斯的外表和体形很像罗马里奥，速度快、射门准。不过据安德烈·里贝罗说，莱昂尼达斯的脾气有点像"野兽"埃德蒙多。

在足球王国，有谁敢说对于巴西足球，自己的作用与球王贝利同等重要或更为重要？在巴西足球历史上，敢说这话的人屈指可数，而且只扳着一只手的手指头就能数得过来，莱昂尼达斯是其中之一。莱昂尼达斯是公认的"倒勾之父"，他自己也承认是他发明了倒勾踢法。此外，莱昂尼达斯也是足球市场化的先驱者。莱昂尼达斯曾效力弗拉门戈、达伽马、博塔福戈和圣保罗等巴西豪门球队，对于巴西队也非常重要。他在巴西队参加了1934年意大利世界杯和1938年法国世界杯。如果不是世界杯的举办因第二次世界大战的爆发而中断，莱昂尼达斯在世界杯上可以取得更大的成就。对于莱昂尼达斯，其巴西同胞给出了最确切的定义：他是"第一个贝利"，他让世界知道了巴西。

莱昂尼达斯到底是不是"倒勾之父"？对此，史学家存有争议。但实际上，就连巴西人也承认，莱昂尼达斯配不上"倒勾之父"的头衔。据史料记载，莱昂尼达斯第一次在场上使用倒勾射门，是在1932年4月24日举行的一场里约州联赛上。那场比赛，莱昂尼达斯效力的邦苏塞索（Bonsucesso）5比2大胜卡利约卡，莱昂尼达斯做出第一个倒勾动作。而早在18年前，一位名叫拉蒙·温萨如·阿斯拉（Ramón Unzaga Asla）的智利球员已经发明了倒勾踢法。阿斯拉出生于西班牙，但自12岁起就生活在智利，踢职业足球时，他选择加入智利国籍。1914年，效力于一家小俱乐部的他第一次使用了倒勾踢球。比赛是在客场，他的开创性的动作甚至赢得了客场球迷的掌声。1920年美洲杯，代表智利出战，在对阿根廷队的比赛中，他打进了一个倒勾进球。他的倒勾破门迷倒了所有体育媒体，它们给那个动作起名"智利式"（Chilena）动作。时到今日，在所有西班牙语系国家，倒勾球都被称作"智利式"。

此外还有说法是，一位阿根廷球员、一位意大利球员都早于莱昂尼达斯使用倒勾踢法。甚至还有说法是，倒勾踢并非莱昂尼达斯首创，他是跟另一位巴西球员佩特罗尼利奥·德·布里托学的，莱昂尼达斯只不过是完善了这一技术。尽管莱昂尼达斯不是倒勾球的发明者，但正是他将倒勾球发扬光大，因此说他是"倒勾之父"并不为过。1.65米的个子，腾空后身子水平呆在空中，身体距离地面高度达1.50米。这样的腾空高度，在当时没有第二个人能做得到。

据史料记载，1932年，在蒙得维的亚著名的百年球场，对阵乌拉圭队，莱昂尼达斯也打进过一个倒勾进球。当时巴西队1比0领先，背对球门，莱昂尼达斯一个倒勾，皮球过了对手后卫，落地后莱昂尼达斯转身冲向禁区，为巴西队打进第二球。

法国世界杯上，莱昂尼达斯有过一个倒勾破门，但当值主裁判没见过这种踢法，莱昂尼达斯的那个进球被判无效。至于职业生涯莱昂尼达斯到底进了多少个倒勾进球，由于年代久远，已经无法考证，只能付之阙如。

莱昂尼达斯被认为是"倒勾之父"，也是因为他留下了足球史上第一张倒勾动作的照片。1948年11月13日，圣保罗对尤文图斯8比0大胜，比赛中，莱昂尼达斯在禁区内做出了一个倒勾射门动作。那场比赛在帕卡安布举行，拍下那张珍贵照片的是巴西摄影记者阿尔贝托·萨尔蒂尼（Alberto Sartini）。那张照片成了足球历史上传播最广的照片之一，它也成为倒勾射门和"黑钻石"莱昂尼达斯的历史见证。

四、马拉卡纳惨案——
1950年巴西世界杯

东道主成受害者

1950年，巴西第一次举办世界杯。这也是南美举办的第二届世界杯，第一届世界杯在乌拉圭举行。1946年，在卢森堡，国际足联召开了1938年法国世界杯的第一次大会。会上，国际足联决定第四届世界杯将在巴西举行。巴西世界杯本来定于1949年举行，但由于准备工作拖延等因素，在1948年国际足联伦敦大会上，巴西世界杯被推迟到1950年举行。阿根廷还记得与法国争办主办权败北的仇，声称与巴西体育联合会关系不好而拒绝参加1950年世界杯。这已是它连续第二届抵制世界杯。

按最初的设想，1950年世界杯将有16支参赛球队。它们被分成4个小组，每个组4支球队，种子队分别是巴西队、英格兰队、意大利队和乌拉圭队。每个小组的第一晋级四强战，所有4支球队打单循环，最好的球队成为冠军。1950年5月22日，世界杯分组抽签仪式在位于里约的巴西外交部大厦举行。不过，之后不久，苏格兰队宣布退出世界杯。法国队收到邀请，但它对比赛赛程和比赛地点安排不满，也放弃了。按照赛程安排，3场小组赛，法国队要在两个城市打，先是南部的阿雷格里港，之后是北部的累西腓。土耳其队也退赛，葡萄牙队受到邀请。不过同年5月31日，葡萄牙政府通知巴西方面，说葡萄牙队未为参加巴西世界杯做好准备，他们也放弃了。之后，印度队宣布，他们也不打巴西世界杯了。

这样一来，只剩下13支球队，可分组抽签保持不变。巴西队和英格兰队的小组仍是4支球队，意大利队那组只剩下3支球队。乌拉圭队占了大便宜，小组赛阶段他们只有玻利维亚队一个对手。比巴西队少打两场比赛，乌拉圭队以逸待劳。公正地说，这一因素就算没决定冠军，也产生了重要的影响。本来，与乌拉圭队分在一组的另两支球队是苏格兰队（法国队）和土耳其队（葡萄牙队）。

小组赛阶段，巴西队4比0大胜墨西哥队，2比2与瑞士队打平，2比0击败南斯拉夫队。1950年世界杯没有正式的决赛。小组成绩最好的4支球队杀入决赛阶段，这4支球队分别是乌拉圭队、巴西队、瑞典队和西班牙队。4支球队打单循环，成绩最好的球队成为冠军。决赛阶段，巴西队7比1大胜瑞典队，6比1大胜西班牙队。小组赛阶段，乌拉圭队8比0大胜玻利维亚队，决赛阶段则2比2与西班牙队打平、3比2击败瑞典队。7月16日最后一轮，西班牙队3比1击败瑞典队，但它肯定与冠军无缘。同天的巴西队与乌拉圭队一战晚上举行，是1950年世界杯最后一场比赛，冠军将在巴西队和乌拉圭队之间产生。因此虽然1950年世界杯没有决赛，但最具决定性意义的巴西队与乌拉圭队一战还是俗称1950年世界杯决赛。取消决赛，打单循环决定冠军，这样的赛制是在1948年国际足联伦敦大会由巴西提出的，但巴西没有从中受益。

巴西队与乌拉圭队一战在世界杯前新建成的马拉卡纳球场举行。马拉卡纳球场真名马里奥·罗德里格斯·菲利奥球场，马里奥·罗德里格斯·菲利奥（Mário Rodrigues Filho）是一位巴西记者，他积极倡议并支持建设马拉卡纳球场，球场建成之后，出于对他的感谢，球场以他名字命名，马里奥·罗德里格斯·菲利奥还得到一个外号——"球场男友"。马里奥·罗德里格斯·菲利奥球场，这个名字太长、太拗口。里约北部有一条河叫马拉卡纳河，它流过球场所在的蒂茹卡区，注入巴纳瓜拉海湾。马拉卡纳是图皮印第安人的词汇，有"牛铃"之意。巴西北方有一种鹦鹉科的鸟类，名叫马拉卡纳。于是在民众中间，新的世界杯球场得名马拉卡纳。

马拉卡纳不是一天建成的。1948年8月2日，在巴西被确定为世界杯举办国两年后，马拉卡纳球场才开始动工。按最初的设计，马拉卡纳可以容纳155 250人，9.3万个坐席，3.1万个站席，此外还包括3万球迷套票区、贵宾席、媒体区等。球场总面积15万平方米，高达243米。巴西是第一届举办世界杯这样的国际大赛，在建设马拉卡纳这样的庞然大物上更是严重经验不足。若非意大利足协主席奥托利诺·巴拉西（Otorino Barassi）火速赶到巴西队，出任1950年世界杯组委会主席，马拉卡纳交工时间还会延期，1950年世界杯还得推迟。马拉卡纳创下历史纪录，建设过程历时22个月，4500位工人为建球场而出力出汗，共使用了8万立方米混凝土、50万袋水泥、5万平方米石块、4万立方米沙子和1万吨钢铁。1950年6月16日，马拉卡纳球场启用，此时距6月24日巴西与墨西哥的世界杯揭幕战开打只有

8天时间。交付使用的马拉卡纳并未完工，1965年，马拉卡纳才真正建成。

决赛前就成为冠军

与乌拉圭队的决赛前夕，整个巴西就陷入了一种异常兴奋的情绪中，所有人都觉得巴西队夺冠理所当然。巴西媒体大肆夸赞巴西队。比赛前一天，《里约日报》用的大标题是"巴西会赢！"。而《夜报》头版刊登了一张巴西队全家福照片，图片下面的配图文字是："这些就是世界杯冠军"。世界杯决赛三天之前，一幅幅招贴画就在里约热卖。招贴画上是巴西队全家福，其下是马拉卡纳球场，其上是1950年世界杯参赛国的国旗，配图文则是"世界杯冠军巴西队——1950年"。比赛不可能还没开打就已赢，1比2输给乌拉圭，对整个巴西都是一个教训。

1950年7月16日注定要载入史册。马拉卡纳可以容纳155 000名观众，但巴西队与乌拉圭队一战，大量球迷想方设法进了球场。据估计，那场比赛观众人数为199 854人，买票观战人数达173 859人。此前，单场比赛最高观众人数发生在1937年苏格兰队与英格兰队一役。那场比赛在格拉斯哥汉普顿公园球场举行，该球场属于女王的财产，共有149 415名观众，约占格拉斯哥人口的15%。如果算上在马拉卡纳球场周边山上观战的球迷，在现场观看了巴西队与乌拉圭队一战的球迷人数绝对超过20万，甚至有人说高达21万或22万。1950年世界杯在巴西未进行电视转播，其他巴西人只能通过收音机收听直播。比赛开始前，里约热内卢市长安吉罗·佩雷斯（Ângelo Perez）通过高音喇叭在现场发表了讲话。他说："你们，巴西球员们，在几个小时后就将接受数百万同胞的祝贺。你们，在几个小时后，就将成为胜利者。"

面对那么重要的比赛，双方都比较紧张。可能是被现场阵势吓懵了，乌拉圭队中场朱利奥·佩雷斯进场时甚至尿到了短裤里。巴西队一身白，乌拉圭队则天蓝球衫黑色裤袜。当地时间14点50分比赛开始，巴西队开场就向对手施压。乌拉圭队的中场大师是奥布杜利奥·瓦雷拉。一种说法是，在马拉卡纳一战的上半场，瓦雷拉扇了巴西球员比戈德（Bigode）一个耳光，比戈德吓坏了，场上表现不复从前，乌拉圭才得以取胜。而实际上，瓦雷拉当时只是拍了几下比戈德的后脖梗，让他平静下来。比戈德反应过激，险些跟瓦雷拉打了起来。也有说法是，瓦雷拉只是用手碰了碰比戈德的脸。不管原因如何，对乌拉圭，巴西队与前几战相比判若两队。上半场两队互交白卷，反倒是乌拉圭队对巴西队球门构成了威胁。乌拉圭队全力防守，但快速反击颇具威胁。第16分钟，乌拉圭队中场吉贾长传前锋斯基亚菲诺，后者过掉巴西队门将巴尔博萨后射门偏出。第37分钟，乌拉圭队中场米格斯（Miguez）射门中柱。

下半场刚开场1分钟，弗里亚萨（Friaça）为巴西队首开纪录。先失一球，乌拉圭人没有放弃。乌拉圭队长奥布杜利奥·瓦雷拉把球从球门里拿出来放到中圈开球点，他跟队友吼了一句："现在该我们赢得比赛了。"乌拉圭人势头上来了，而1比0领先，巴西队紧张依旧，踢得更为保守。下半场第20分钟，吉贾（Ghiggia）传中，乌拉圭队前锋斯基亚菲诺（Schiaffino）扳平比分。第34分钟，与队友二过一配合，吉贾由右路杀入禁区。怕吉贾再传中，巴西队门将巴尔博萨弃门而出。最终吉贾选择自己打近角，巴尔博萨反应过来时已"鞭"长莫及。比赛还剩下11分钟，如果主场观众激励巴西队的话，比赛还有可能扳平。但马拉卡纳和巴西队一样被打懵了，整个球场一片死寂。乌拉圭门将马斯波利（Máspoli）说："我们进球后全场一片死寂，那让人有点害怕。球场死一样寂静，我当时想：'巴西队赢不了了！'"

裁判终场哨响，乌拉圭队球员疯狂了，又是跳又是叫，乌拉圭队长奥布杜利奥·瓦雷拉翻起了筋斗，之后他泪流满面。

巴西队中场济济尼奥（Zizinho）说："当主教练吹响终场哨时，我往旁边看了看，看到奥布杜利奥跟疯了一样翻着筋斗。我都想上去踢他几脚。"巴西球员哭了，哭着回了更衣室。场边的记者们也哭了，看台上的将近20万巴西人也哭了。观众们不敢相信发生了什么，不知道该干什么，他们就在看台上面无表情地坐着或站着，一个小时后才全部退场。赛后，为乌拉圭队打进扳平一球的斯基亚菲诺形容马拉卡纳像个葬礼现场。斯基亚菲诺说："看到巴西人痛哭流涕，我跑回了更衣室。我不敢看了，难以置信，就像他们的家里死了人。"

　　国际足联主席、法国人儒勒·雷米特没有看到乌拉圭的第二个进球。场上比分1比1时，他从贵宾席下到更衣室，为冠军颁奖做准备。按计划，在国际足联官员、巴西体育联合会官员和警卫的护卫下，雷米特将手捧以他名字命名的冠军奖杯从通道出来。盛装的卫兵整齐地排成两行，雷米特捧杯走到场地中央，将举行盛大的颁奖仪式，国歌将奏响，雷米特将把冠军奖杯颁给冠军——按所有人预想，冠军肯定非巴西队莫属。可一出通道，雷米特就傻眼了。球场一片死寂，没有卫兵，没有国歌，没有颁奖仪式。雷米特孤身一人，在人群中被挤过来挤过去，他只得把金杯夹在腋下，以免它被磕碰坏了。

　　雷米特在其自传《世界杯的神奇历史》中写道："所有

一切我都预见到了，唯独没有预料到乌拉圭队夺冠。"雷米特无法颁奖，他转身回去。过了一会儿，他又回来了。在球场中央，他一个人把雷米特杯颁给了奥布杜利奥·瓦雷拉。那应该是世界杯历史上最寒酸的冠军颁奖，没有仪式，没有国歌，只有巴西人的泪水。雷米特握了握奥布杜利奥·瓦雷拉的手，对乌拉圭队长说："我为你们刚刚取得的胜利而感到高兴，你们配得上这座奖杯，尤其是因为它在意料之外。我祝贺你们。"雷米特原本精心准备了一篇葡萄牙语讲话稿，可现在已经用不上了。

当年，国际足联还不给亚军发奖牌。巴西体育联合会自己事先准备了22块金牌，上面刻着每位巴西国脚的名字。这些金牌没派上用场。整个马拉卡纳就如一块坟场，乌拉圭人也觉无趣，匆匆离场。吉贾曾回忆说："当时是那样静，如果一只苍蝇飞过，你都能听到它的嗡嗡声。"在夺冠的狂喜之后，就连乌拉圭队长奥布杜里奥·瓦雷拉也同情巴西人。接受采访时，奥布杜里奥·瓦雷拉说："我们从巴西手中夺走冠军是个意外，这样的事情只会发生一次。我不喜欢看到20多万球迷那样伤心难过，我不愿看到整个里约热内卢没有狂欢，而是陷入了黑暗。我们成了冠军，但我感觉不到冠军应该带来的全部快乐。"

一辈子做罪人

比赛第二天，里约热内卢《体育报》记者若泽·林斯·多雷戈写道："我看到人民低垂着头，眼中充满了泪水，他们不说话，离开球场时就像从最深爱的父亲的葬礼归来。我看到的是一个被击败的民族，比被击败更可怕的是没有希望。那一切让我心痛。"而巴西作家卡洛斯·埃尔托尔·科尼写道："在巴西队于马拉卡纳输掉世界杯的那天，我开始不再相信上帝。"

本土世界杯输掉决赛，巴西社会震惊了，巴西人无法接受这个事实。悲痛之后，开始寻找失利的原因和罪人。有人认为是主教练弗拉韦奥的错，因为在决赛当天上午，他让队员们站着做了两个小时弥撒，把巴西球员给站累了。迷信者认为，决赛前一天巴西队不应改变驻地，白色球衣也给巴西队带来厄运，巴西体育联合会决定永远弃用白衫。决赛之后，一些巴西队员选择退役，一些人再也没被招进巴西队。所有的人都成了罪人，但最大罪人是左后卫比戈德和门将巴尔博萨。的确，巴西队决赛失利，这两个人责任最大。吉贾的两次右路突破都与比戈德有关。作为门将，巴尔博萨对巴西队两个失球更该负责。但赢球是整支球队赢球，输球的话，整支球队也都有责任。更何况，整个巴西社会赛前的盲目乐观和轻敌才是大好形势下痛失冠军的深层原因。

时间可以让人忘掉一切，其他球员多年后不再被人提起，巴尔博萨和比戈德则成了千古罪人，尤其是门将巴尔博萨至死也没能为自己洗去罪名。究其原因，也是因为他俩都是黑人。乌拉圭队夺冠后，在蒙得维的亚的庆祝人群中，有人举起一面牌子，上写"乌拉圭2比1胜猴子"。当年，不仅多数人是白人的乌拉圭歧视黑人，就连黑人和混血儿占人口大多数的巴西也存在严重的种族歧视。

随后的时光，巴尔博萨的名字一直与马拉卡纳惨案联系在一起。一直到2000年去世，这位黑人门将都一直生活在自责和国人的批评谩骂声中。当年，马拉卡纳球场的球门还是木质的。有一个传说是，马拉卡纳旧球门拆下来后，有人故意恶心巴尔博萨，把球门当礼物送给了巴尔博萨，他气得劈了它们，烤肉时把它们烧了。而事实却是，马拉卡纳木球门现仍保存在米纳斯吉拉斯州一小城的文化之家。

接受采访时，巴尔博萨不止一次地重复过这样一句话："巴西最长的徒刑是30年，我从1950年就开始为一桩我没犯过的罪服刑，一直服刑到现在。"巴尔博萨曾悔恨当年，"当时（被进第二个球后）我真恨不得找个地缝马上钻进去"。桑巴足球千古罪人还说过："那个进球我重看了100万遍"。已故巴西著名足球专栏作家阿尔曼多·诺盖拉曾为巴尔博萨鸣不平：

"巴尔博萨是一位出色的门将，在球门前他每有神奇扑救。他是巴西足球史上受到最不公正对待的人。吉贾1950年世界杯决赛的那个进球，就如同诅咒落到他身上。我每重看一次那个进球，我就更为宽恕他。那场决赛，巴西队在前一天已经输掉了。"

1950年世界杯决赛失利的阴影纠缠着巴尔博萨的一生。1988年，巴西国内还有人还拍了一部短片电影，名字就叫"巴尔博萨"。在影片中，一位巴西人让时光倒流，他回到了38年前的马拉卡纳。在1950年世界杯上，那位巴西人想帮助巴西队取胜。可由于他的出乎意料的一个动作，巴西队门将巴尔博萨被分了神，吉贾最终还是打进了那粒逆转比分的进球。

就连吉贾也觉得巴尔博萨太过冤枉。1974年德国世界杯期间，一位巴西记者在慕尼黑采访了吉贾。记者问的一个问题：

"您知道由于您1950年世界杯决赛的那个进球给巴尔博萨带来的痛苦吗？"吉贾回答说："我打进了那个球，同样我也可能射失那个球。那个进球运气的成分非常大，巴尔博萨一点责任都没有。人们总习惯为失利寻找一个罪人。"

马拉卡纳惨剧与其说是宿命，不如说是必然。1950年时，巴西队正处于向一流强队迈进之际，一场主场的惨败使成长的巴西足球经历了生死洗礼，此后变得更成熟、更宠辱不惊。8年之后，1958年瑞典世界杯，巴西队第一次封王，很难说1950年那场马拉卡纳惨案没有一点功劳。1950年世界杯后，巴西队6次杀入决赛，只有1998年法国世界杯不敌东道主屈居亚军，另外五次均夺冠。马拉卡纳惨案是年轻的巴西足球交的学费，有点惨重，但交得值。

五、伯尔尼战争——
1954年瑞士世界杯

黄衫诞生记

　　1950年世界杯的马拉卡纳惨案，对整个巴西民族造成巨大的心理伤害。它的一个直接后果是巴西队改换了球衫颜色。在1950年第一次本土世界杯上，巴西队穿的是白色上衣、白色短裤和白色球袜，在袖口和领子上有蓝条。巴西人喜欢白色，直到现在都喜欢它，白色是高雅和纯洁的象征。可本土世界杯后，在冠军触手可得却最终旁落之后，巴西人也产生了狐疑：是不是白色带来了坏运气，巴西队才在大好形势下失去了冠军？这绝对是迷信，但迷信有时也有积极意义。它让受伤的心愈合，重新给人以自信。

1953年，里约热内卢的《晨邮报》举办了一次竞赛，让参赛者为巴西队设计新队服。《晨邮报》的要求很简单，它只提出了一个条件：在巴西队新队服上，应该使用黄色、绿色、蓝色和白色这四种巴西国旗上的颜色。到竞赛截止日期，《晨邮报》共收到了201个设计方案，南里奥格兰德州设计师和漫画家阿尔迪尔·席勒（Aldyr Schlee）的方案获胜。阿尔迪尔·席勒当时年仅18岁，他的设计是一套黄色球衣，上面有绿色的点缀。短裤是蓝色，球袜则是白色。在设计方案中，席勒使用了巴西国旗上的所有四种颜色。黄衫明快、热情，它日后成为了巴西队的象征。穿上黄衫之后，尤其是前三次世界杯夺冠之后，巴西队也赢得了一个恰当的新昵称——"金丝雀"。在巴西队球衫设计大赛中获胜，席勒得到了一笔2万的奖金，他还被邀请到《晨邮报》编辑部实习了一段时间。

令人意想不到的是，席勒是乌拉圭球迷，而不是巴西队球迷。他出生于南里奥格兰德州小城贾瓜朗（Jaguarão），那里距离乌拉圭只有200千米，距南里奥格兰德州首府阿雷格里港则有

600千米。那里的人们受乌拉圭的影响更大，对乌拉圭队的认同感更强。20世纪上半叶乌拉圭队是南美足坛老大，因此自小时候起，席勒就是乌拉圭球迷。在他家里，妻子、儿女都是巴西队球迷，只有他一成不变，是天蓝军团的拥趸。1950年世界杯，乌拉圭队2比1逆转巴西队夺冠，阿尔迪尔哭了。不过，他不是为巴西队失去家门口夺冠的机会而伤心难过，而是因为他支持的乌拉圭队夺冠喜极而泣。1950年7月16日，世界杯决赛的当天，阿尔迪尔去了乌拉圭里约布兰科。他不愿意在收音机前收听广播，而是去了乌拉圭城市的一家电影院。电影放映到中间，灯光亮了，喇叭里宣布乌拉圭夺冠了。这时响起了乌拉圭国歌，电影院里所有的人都站了起来，阿尔迪尔也跟着一起唱，并因为喜悦而哭出了声。

席勒也没有想到过，因为设计桑巴黄衫，他成了名人。席勒多年后回忆说："参加巴西队队衣设计大赛时，我只有18岁，我当时根本没有想过，巴西队球衫会像现在这样成为巴西足球的象征。我觉得，认识巴西队黄衫的人比认识巴西国旗的人都多。当然这与我无关，主要是因为许多巴西球星努力的结果，才使足坛诞生这一传奇。"至于为什么要选黄色为主色，以绿色为配色，他的解释是："我之所以想用这两种颜色，是因为黄和绿是巴西国旗上最有代表性的颜色。我画了好几个方案，但我觉得最为理想的方案，是黄色球衫，绿色的衣领，再配上蓝色短裤和白色球袜。这个方案我画在一块30厘米乘40厘米的纸板上，设计好之后，我自己没想寄，是我的一个堂兄帮我寄的，当时他在一家航空公司工作。多亏是他，我才赢得了设计大赛。有趣的是，我这个堂兄跟我一样，也支持乌拉圭，在我们一大家人中，只有我们两个另类。"

先不谈白衫和黄衫哪个更能带来好运气，与白衫相比，黄衫至少更能反映巴西这个大部分国土位于热带的国度，更能反映巴西人的快乐、热情和激情。穿上黄衫第一次亮相世界杯，巴西队想让所有的人都彻底忘掉1950年世界杯决赛的马拉卡纳悲剧。1954年世界杯前，乘船抵达瑞士时，巴西队上上下下都是这样想的。马拉卡纳悲剧太丢人了，太伤巴西人的民族自尊心和自信了。四年后在瑞士，巴西队上下憋了一股劲儿，在欧洲，他们要为巴西足球正名，要为巴西人争得尊严和荣誉。

普斯卡什动粗

除了改头换面改穿黄衫，巴西队阵容也发生翻天覆地的变化。1950年世界杯巴西队班底中，只有门将卡斯蒂略（Castilho）、中后卫尼尔顿·桑托斯、中场埃利（Ely）和鲍埃尔（Bauer）以及前锋巴尔塔扎尔（Baltazar）和罗德里格斯（Rodrigues）六人被留了下来。主教练也更换了，弗拉维奥·科斯塔换成了更独裁专断的泽泽·莫雷拉（Zezé Moreira）。1952年，泽泽·莫雷拉曾率领巴西队捧得第一个正式国际大赛冠军——智利泛美运动会足球冠军。1950年世界杯上，巴西队的阵型打法是"424"。泽泽·莫雷拉将它变成了更为攻守平衡的"433阵型"，边锋特里·桑塔纳回撤中场，帮助中场和后防线的防守。在防守上，巴西队也改打区域防守。不过，在瑞士世界杯上，特里·桑塔纳没有得到出场机会。

瑞士世界杯的规则很古怪，也很荒诞。它规定小组两个种子队不用交手，因此每支球队只需要打两场。在巴西队所在小组，巴西队和法国队是种子球队，而另两支球队是南斯拉夫队和墨西哥队。跟1950年世界杯一样，巴西队首战对手还是墨西哥队。巴西队没有遇到太大麻烦，5比0击败对手。第二战对手是南斯拉夫队，此前小组首战，南斯拉夫队1比0击败法国队，随后法国队3比2击败墨西哥队。如果1比1打平的话，巴西队和南斯拉夫队携手出线。巴西队不明就里，错误地理解了规则，还是大举进攻。南斯拉夫球员吓坏了，两队语言不通，他们做出各种手势和动作，想让巴西人平静下来，但巴西球员没整明白。最终两队1比1打平，巴西队员以为自己被淘汰，痛哭着离场。只是到了更衣室里，巴西队球员才知道球队已然出线。

1/4决赛，巴西队的对手是强大的匈牙利队。匈牙利队是那个时代公认最为强大的球队，1952年芬兰赫尔辛基奥运会，他们刚刚拿了男足金牌。由于对手波兰队弃权，匈牙利队没打预选赛就直接晋级瑞士世界杯决赛阶段。匈牙利队有两位主教练，一位是匈牙利体育部长古斯塔夫·谢拜什（Guzstáv Sebes），另一位是久洛·曼迪（Gyula Mandi）。赛前，久洛·曼迪认为匈牙利队战胜巴西队不成问题。他说："我没看过巴西队踢球，但我知道他们的能力。不过，我相信我们的球队整体上比他们强，我们踢球是为了取胜，而不是为了表演。"

匈牙利球星普斯卡什受伤，对巴西队一战没上场。尽管如此，匈牙利人还是没给巴西队机会，开场仅仅7分钟就2比0领先，进球的是希代古提（Hidegkuti）和柯奇士（Kocsis）。第18分钟，右后卫贾尔马·桑托斯利用点球为巴西队扳回一分。但第60分钟，匈牙利中卫兰托斯（Lantos）将比分改写成3比1。从第70分钟起，两队粗野犯规不断。尼尔顿·桑托斯和博希克（Bozsik）动了手，双双被主裁判亚瑟·埃利斯（Arthur Ellis）罚下。1950年巴西世界杯决赛，亚瑟·埃利斯是两名边裁之一。几分钟后，翁贝尔托（Huberto）飞铲罗兰特（Lorant），他也被罚下，巴西队9人打10人。第88分钟柯奇士再进一球，巴西队2比4失利，终结马拉卡纳惨案的梦破灭了。

比赛结束了，巴西人和匈牙利人之间的战争还没有结束。离场时，巴西球员和匈牙利球员又打了起来。巴西前锋毛里尼奥（Maurinho）给了匈牙利前锋尔坦·希博尔一拳。在球员通道里，没上场的普斯卡什一瓶子把巴西队中后卫皮涅罗（Pinheiro）的额头打破了。就连主教练们也交了手。匈牙利一位球员冲泽泽·莫雷拉吐了口唾沫，泽泽·莫雷拉踢了匈牙利主教练古斯塔夫·谢拜什（Guzst á v Sebes）一脚。巴西和匈牙利一战，火药味儿十足，也正因如此，此战被史学家称作"伯尔尼战役"。

对于巴西和匈牙利赛后发生的混战，国际足联息事宁人，它对不文明行为表示了遗憾，但没有处罚巴西和匈牙利两队中打架球员。赛后柯奇士口出狂言，羞辱了巴西人一番。匈牙利前锋说："巴西人是懦夫。比赛中，我们进了他们4个球。我们踢得比他们好，只要需要，我们想赢他们多少次就能赢多少次。"输球就已经很丢人，还在世界杯上打架，巴西队就更丢人了。

名留青史的莫雷拉兄弟

巴西足球历史应该单独留出一章给莫雷拉兄弟。1954年瑞士世界杯上，巴西队主教练是泽泽·莫雷拉。泽泽·莫雷拉还有一个哥哥叫艾莫雷·莫雷拉，1962年智利世界杯巴西队主教练正是哥哥。泽泽·莫雷拉和艾莫雷·莫雷拉是巴西队历史上仅有的一对兄弟主教练，而且两兄弟都带队打过世界杯。弟弟泽泽·莫雷拉成名更早，执教巴西队时间更早，但1954年瑞士世界杯却没能率队夺冠。艾莫雷·莫雷拉成名更晚，8年后率领巴西队征战1962年智利世界杯，哥哥却取得了成功，帮助巴西队夺得世界杯第二冠。莫雷拉兄弟出生于里约热内卢州小城米拉塞马（Miracema），兄弟二人都踢球，退役后都做教练而且做得非常成功，这在巴西足坛乃至世界足坛也不多见。

哥哥艾莫雷·莫雷拉1912年1月24日出生，1998年7月26日去世，享年86岁。弟弟泽泽·莫雷拉1917年10月16日出生，1998年4月10日辞世，享年80岁。两人还有一个弟弟，名叫艾尔顿·莫雷拉（Ayrton Moreira）。据维基百科，艾尔顿·莫雷拉出生于1917年12月31日，1975年11月22日过世，享年57岁。艾尔顿·莫雷拉和二哥泽泽·莫雷拉生日相差只有两个多月，应该不是一母所生。刚开始踢球时，哥哥艾莫雷·莫雷拉场上位置是右边锋，16岁时改打门将，并在门将位置上取得了成功，尽管他身高只有1.72米。艾莫雷·莫雷拉先后效力于帕尔梅拉斯和博塔福戈，被认为是当时巴西足坛最好的门将之一。

1932年，20岁的艾莫雷·莫雷拉首获巴西队征召，截至1940年告别巴西队，他身披国家队战袍出战过4场。泽泽·莫雷拉踢球时场上位置是前锋，曾效力于弗拉门戈和帕尔梅拉斯。踢球时，三弟艾尔顿·莫雷拉场上位置是中后卫，曾效力于米涅罗竞技、博塔福戈和诺蒂科，虽未执教过巴西队，但也在米涅罗竞技和克鲁塞罗等巴西足坛强队做过主教练。三兄弟，哥哥艾莫雷·莫雷拉最有名，1962年智利世界杯率巴西队夺冠。艾莫雷·莫雷拉的睿智，也跟他上过大学有关。1948年，艾莫雷·莫雷拉于体育系毕业。

泽泽·莫雷拉和艾莫雷·莫雷拉都曾执教过巴西队，弟弟在先，哥哥在后，弟弟被炒鱿鱼之后，顶替他的正是哥哥。1952年泽泽·莫雷拉第一次执教巴西队，1954—1955年第二次执教，他率领巴西队打了1954年瑞士世界杯。执教巴西队期间，泽泽·莫雷拉的最好成绩是1952年4月的智利泛美运动会冠军，那是巴西国家队第一个国际赛事冠军。第一次入主巴西队，是一次短暂的经历，泽泽·莫雷拉只率队在智利泛美运动会上打了5场比赛，取得了4胜1平的不俗战绩，巴西队最终夺冠。但媒体和球迷对泽泽·莫雷拉不认可，觉得他的巴西队踢得太丑陋。泛美运动会之后，泽泽·莫雷拉便被炒了鱿鱼。那个年代的国家队，不像现在这样比赛频密。1952年余下的时间再没有比赛，1953年年初，哥哥艾莫雷·莫雷拉继弟弟之后成为巴西队新任主教练。在同年3月和4月的秘鲁南美锦标赛上，哥哥的巴西队8比1大胜玻利维亚、2比0击败厄瓜多尔、1比0击败乌拉圭、0比1负于秘鲁、3比2击败智利、1比2负于阿根廷、2比3输给巴拉圭，7战4胜3负，那届南美锦标赛之后也被解职。1954年年初，弟弟泽泽·莫雷拉卷土重来，在同年2月底至3月底的世界杯预选赛上，率队客场2比0击败智利、客场1比0战胜巴拉圭、主场1比0再胜智利、主场4比1大胜巴拉圭，取得了世界杯出线权。在瑞士世界杯上，巴西队1/4决赛不敌当时名声正炽的普斯卡什率领的匈牙利队，也算输得心服口服。

　首次执教经历，哥哥艾莫雷·莫雷拉的成绩不如弟弟泽泽·莫雷拉。1961年5月，哥哥也卷土重来。由于1958年瑞典世界杯巴西队夺冠，1962年智利世界杯巴西队不用打预选赛。在一系列友谊赛和正式赛事上，艾莫雷·莫雷拉的巴西队取得了11战11胜、进30球失8球的佳绩。智利世界杯上，巴西队6战5胜1平，进14球失4球。1963年3月友谊赛2比2打平巴拉圭队，同月玻利维亚南美锦标赛首战1比0击败秘鲁，次战5比1大胜哥伦比亚队。算上世界杯前11连胜、世界杯上6场不败和世界杯后3战不败，艾莫雷·莫雷拉带领的巴西队创下20场不败纪录。不过随后巴西队0比2输给巴拉圭队、0比3负于阿根廷队、2比2与厄瓜多尔队打平、4比5负于玻利维亚队。同年4月13日罗卡杯首轮，巴西队在圣保罗莫隆比2比3不敌阿根廷队，4月16日在里约热内卢马拉卡纳球场5比2大胜对手。但在随后的友谊赛上，巴西队先后输给葡萄牙队、比利时队、巴黎竞技队、荷兰队，只3比2赢了法国队。

艾莫雷·莫雷拉本有可能成为历史上第一位率领巴西队连续征战两届世界杯的主教练，但由于智利世界杯后战绩不佳，艾莫雷·莫雷拉在巴西队的日子到了头，1963年5月他告别了巴西队。1964年5月，瑞典世界杯率巴西队夺得第一冠的名帅文森特·费奥拉（Vicente Feola）走马上任。1965年11月21日，巴西队同一天打了两场友谊赛。文森特·费奥拉率领的巴西队2比2与苏联国家队战平，而艾莫雷·莫雷拉率领的巴西队二队（圣保罗州联队）5比3击败匈牙利，也算是给弟弟报了仇。1954年瑞士世界杯，泽泽·莫雷拉的巴西队曾2比4不敌匈牙利队被淘汰。1966年英格兰世界杯兵败，1967—1968年，艾莫雷·莫雷拉曾三度短期执教巴西队，但最终他没能率领巴西队第二次参加世界杯。

除六度入主巴西队之外，1948—1984年，在36年执教生涯中，艾莫雷·莫雷拉曾执教过巴伊亚、帕尔梅拉斯、维多利亚、葡萄牙人、博塔福戈、圣保罗、科林蒂安、葡萄牙波尔图

和希腊帕纳辛奈科斯等俱乐部。令他引以为傲的是，他执教过
三代著名巴西球员，包括20世纪50年代的济济尼奥（Zizinho）
和阿德米尔·梅内泽斯（Ademir Menezes），60年代的贝利、
加林查以及70年代的托斯唐、热尔松和里维利诺。1951—1954
年和1958—1962年，泽泽·莫雷拉两度执教弗卢米嫩塞期间，他
带的球员中就有日后大名鼎鼎的"艺术大师"特里·桑塔纳。
泽泽·莫雷拉是第一位把区域防守引入巴西足球的人。1976年，
泽泽·莫雷拉率领克鲁塞罗第一次捧起南美解放者杯。尽管以打
法保守著称，但在1976年南美解放者杯上，泽泽·莫雷拉调教出
的克鲁塞罗攻击力非常强大，整个赛事总共打进46球。世界杯战
绩，弟弟不如哥哥。但总体执教战绩，兄弟二人都非常出色。

六、世界杯第一冠——
1958年瑞典世界杯

"胜利元帅"和他的有准备之仗

　　瑞典世界杯，巴西队主教练是文森特·费奥拉。文森特·费奥拉绝对是个人物，尽管做人低调的他从不承认这一点。单凭体形，场边指挥的费奥拉就引人注目。费奥拉人高马大，体重高达105千克。执教巴西队前，他曾做过圣保罗的主教练，但因心脏问题请辞。由于在圣保罗执教，在首都和巴西体育联合会所在地里约热内卢，费奥拉名气不大，但却深得巴西体育联合会主席若昂·阿维兰热和巴西队领队保罗·马沙多·德·卡瓦略的赏识和倚重。

心脏的问题也决定了费奥拉的执教风格，他心情平和，从不大喊大叫。对于费奥拉，1958年瑞典世界杯替补前锋佩佩曾说："他非常平静，脾气非常好，得到所有球员的一致认可。他实在太胖了，他更多的是与球员耐心交谈，他从来不高声大叫。"文森特·费奥拉不仅是平易近人，他的执教能力也给巴西队队员留下深刻印象。另一位冠军迪诺·萨尼说："他话不多，但说出口就切中肯綮。他知道他在做什么，他最令人叹服的一点是他知道每位球员该在场上踢哪个位置。"

1958年以前，在巴西队，一般是主教练大权独揽。主教练除了在战术上做出决策，还负责球员体能训练，甚至就连一些带有迷信色彩的事也由他独断。1958年瑞典世界杯，巴西队准备得非常充分，那届巴西队配备了各种各样的人才。巴西队第一次有了一个职业的团队，除了主教练费奥拉，巴西队教练组还有体能教练和守门员教练，甚至还有心理医生和牙医。配备了体能教练和守门员教练，巴西队已经算是跟上了世界足球发展大趋势。而带上心理医生和牙医，则更是领潮流之先。要知道，在之后一些世界杯上，巴西队也没有心理医生，只有在

2002年韩日世界杯上，主教练斯科拉里才自掏腰包为巴西队球员请了一位女心理医生。

那位随巴西队征战了1958年瑞典世界杯、1962年智利世界杯、1966年英格兰世界杯和1970年墨西哥世界杯的牙医名叫马里奥·特里戈（Mário Trigo）。当时的巴西还不发达，民众和球员们的受教育水平都不高，在医学和卫生知识上更是一无所知。马里奥·特里戈牙医告诉巴西队球员，牙齿有问题甚至会影响身体，使身体虚弱，尤其是延缓伤病的恢复。单是在1958年瑞典世界杯上，马里奥·特里戈就为33人拔了118颗牙齿，让他拔牙的既有巴西队球员，也有教练组成员。在离开巴西去瑞典之前，马里奥·特里戈牙医就为一位球员拔了14颗牙齿，这也创下了一个纪录。而这个人不是别人，正是加林查。1958年瑞典世界杯和1962年智利世界杯巴西队夺冠之后，马里奥·特里戈牙医也披上了冠军绶带。马里奥·特里戈牙医不仅关心球员的牙齿，性格极佳的他在巴西队中也是个开心果儿，被教练组和球员视为吉祥物。

贝利差一点就没去成瑞典世界杯。有说法是，正是文森特·费奥拉的坚持，一位身材瘦削的17岁少年才被带到瑞典世界杯，他就是日后大名鼎鼎的球王贝利。瑞典世界杯前，贝利受了伤，巴西队队医认为在世界杯前他身体难以恢复。第二种说法是，巴西队代表团团长保罗·马沙多·德·卡瓦略不主张带贝利去瑞典世界杯。第三种说法是，他建议带贝利去瑞典世界杯。如果不带少年贝利去瑞典世界杯，将不仅对巴西足球是一个巨大损失，对世界足球也是个巨大损失。好在不管怎样一波三折，少年贝利还是去了人生第一届世界杯。

不管同不同意带贝利，保罗·马沙多·德·卡瓦略都是巴西队世界杯第一冠的功臣之一。保罗·马沙多·德·卡瓦略1901年11月9日出生于圣保罗，1992年3月7日去世，享年90岁。他毕业于法律系，大学毕业之后又去瑞士留学。回到巴西，保罗·卡瓦略创办过电台和电视台，曾出任过圣保罗俱乐部的副主席和主席。这样一个人物，是瑞典世界杯巴西代表团团长的不二人选。据说在1957年，巴西体育联合会主席阿维兰热就找过保罗·马沙多·德·卡瓦略。阿维兰热说："保罗博士，我需要一支让人民忘记1950年世界杯的巴西队，一支能赢球的巴西队，一支冠军巴西队。正是因此我想让你做团长，你想怎么做就怎么做，我毫无保留地支持你。"

在几位经验丰富的记者的帮助下，保罗·马沙多·德·卡瓦略起草了一份详细的计划，日后那个计划还出版成书，名字就叫《保罗·马沙多·德·卡瓦略计划》。该计划非常详尽，对巴西队飞机和车船旅行、酒店住宿、球员的饮食等方面都有规定。这项科学的计划安排对巴西队第一次世界杯夺冠起到了重要的作用。1962年世界杯，保罗·马沙多·德·卡瓦略依旧是巴西代表团团长，巴西队前两次世界杯夺冠，都有他的功劳。也正因如此，保罗·马沙多·德·卡瓦略人送绰号"胜利元帅"。为了纪念他，圣保罗著名的帕卡安布球场正式的名字就叫保罗·马沙多·德·卡瓦略球场。

瑞典世界杯，巴西队成功的秘诀在于战术创新。早前，巴西队采用的阵型是头重腰弱的"424"，瑞典世界杯前，它让位于更平衡、更现代的"433"。巴西人才济济，贝利、瓦瓦、加林查、马佐拉、佩佩等人都是进攻好手，但左边锋位置上，扎加洛却脱颖而出。而扎加洛之所以能在巴西队取得成功，并成为世界杯主力，则得益于他既能打左边锋，又能打中场，他身体条件出色，攻能攻上去，退可以帮助巴西队中场乃至左边路的防守，是一个球场上的多面手。

实际上，在弗拉门戈梯队踢球时，扎加洛踢的是进攻中场，身披10号球衫。年轻时的他不仅黏球，也喜欢盘带过人。不容否认，扎加洛是位巨星，但技术不是他的最强项。如果继续在10号位置上踢，扎加洛要想进巴西队可能都难。面对此种前景，扎加洛做出了一个重要的人生抉择——在球场上尝试踢左边锋。在前场能打两个位置，扎加洛的路就宽了，他不仅在弗拉门戈取得成功，也入选了巴西队。

场上位置和踢球风格的改变，也要感谢弗拉门戈青年队主教练弗雷塔斯·索利奇（Fleitas Solich）。多年后，扎加洛回忆道："我原来的踢球风格大不一样，我是个喜欢盘带过人的家伙。每次拿到球我就想盘带，我一盘带他就吹我们队犯规。我一度都觉得我入选巴西队没希望了，但即便那样绝望，我还是决定改变一下风格。在弗拉门戈，我开始尝试踢两个位置，正是那一点吸引了文森特·费奥拉的注意。正赶上巴西队阵型由'424'变为'433'，我就在巴西队成了主力。"

少年来自三颗心

1958年世界杯，巴西队的号码简直是乱点鸳鸯谱。扎加洛穿上了7号，加林查穿上了11号。这两个号码还算正常。可主力门将吉尔马尔穿上3号，年纪最小的贝利穿上了10号，就有点令人匪夷所思了。据巴西方面的解释是，由于巴西体育联合会没有事先提交球员号码，于是便由世界杯组委会一位工作人员代劳。这个人是乌拉圭人，名叫洛伦索·维利齐奥（Lorenzo Vilizio）。有些巴西球员他认识，另外一些他不熟悉。于是，在瑞典世界杯上，有些球员就穿上了跟他们原来在巴西穿的号码不同的球衫。吉尔马尔原来穿1号，但他的1号被误点鸳鸯谱，给了替补门将卡斯蒂略。不过，瑞典世界杯前，贝利在巴西队也穿过一次10号球衫，只穿过一次。瑞典世界杯前，贝利6次为巴西队出场打进5球。因此小组首战奥地利，巴西队场上没有10号，11名主力使用的号码也杂乱不堪，分别是2号、3号、5号、6号、7号、12号、14号、15号、17号、18号和21号。

1958年瑞典世界杯是巴西队球员外号最大行其道的世界杯。从巴西队提交的名单上可以看到，22人的名单中有9人用的是外号，其中有加林查、迪迪、瓦瓦、迪达、佩佩等。巴西球员的外号以双音节单词为主，叫起来简单、明了、上口。欧洲人比较正统，他们一般称呼他人姓氏，或者是名字。巴西队球员外号"泛滥"这一现象，让瑞典人大为不解，觉得好奇，也觉得有趣。巴西队小组首战奥地利前，报道巴西队的瑞典记者还就巴西队球员的外号开了玩笑。

那位记者演绎道："巴西队的训练。一位记者问另一位记者：'你拿到巴西队的出场名单了吗？''拿到了。都都（Dudu）是门将，达达（Dada）和达都（Dadu）是中后卫。中场有多多（Dodô）、都迪（Dudi）和都达（Duda）。在前场则是迪迪（Didi）、迪达（Dida）、德达（Deda）和达德（Dade）。''你确信这个名单准确无误吗？''没错儿。我采访了主教练。'‘可我以为德都（Dedu）会上场呢。'"

在瑞典记者提到的名字中，除了迪迪和迪达确有其人，另外的名字都是他杜撰出来的。在巴西队中，有一位球员的名字瑞典人不用费劲儿就能叫出来。那位球员就是贝利，"贝利"其实也是外号，它在葡文中写作Pelé。在瑞典，有一个和Pelé发音和读法相同的名字叫Pelle。因此在瑞典人那里，贝利被称作"Svarta Pelle"，在瑞典语中，其意思是"黑贝利"。

说贝利，道贝利。贝利其实也不是球王的名字，而是他的外号。贝利1940年10月23日出生于巴西米纳斯吉拉斯州三颗心小城。有巴西人开玩笑说，贝利为什么会成为贝利，是因为他有三颗心，心脏相当强大。当然了，这只是玩笑话。贝利真名埃德森·阿兰特斯·多·纳西门托（Edson Arante do Nascimento），他父亲也是一位非常出色的前锋。球王甚至说过，他父亲球踢得比他更好。儿子出生后，父亲给他起名。本来想用美国著名发明家托马斯·爱迪生（Thomas Alva Edison）的姓氏做儿子的名字。应该是出生登记公证处的工作人员出了错，Edison成了Edson。3岁时贝利喜欢看父亲球队踢球，球队中的主力门将叫比雷（Bilé）。小贝利自然支持父亲的球队，看对手射门，小贝利就高喊"防住，比雷！"别人跟小贝利开玩笑，就开始管他叫"比雷"。但贝利的小伙伴发"比雷"这个音有困难，于是贝利的外号就由"比雷"（Bilé）变成了"贝利"（Pelé）。

贝利天赋异禀，少年成名。1956年，15岁的贝利升入桑托斯一队。1957年，16岁的贝利首次获得巴西队征召。贝利技术出众，身体素质无人能及，可以毫不夸张地说，贝利是世界足球历史上最为全面的球员，"球王"的名号也是实至名归。除了为巴西队三次夺得世界杯，1962年和1963年，球王贝利还率领桑托斯队蝉联南美解放者杯和世界俱乐部冠军。当年，对贝利觊觎的欧洲球会不在少数，但受益于当时不错的经济条件和巴西足球对于转会的限制，桑托斯俱乐部才得以一直把他留在队中。巴西足球历史上有两支标杆球队，一支是1970年墨西哥世界杯上的贝利巴西队，另一支则是贝利领衔的桑托斯队。

瑞典世界杯之前，贝利为巴西队打比赛不多。1957年7月7日，罗卡杯对阿根廷队，17岁的贝利首次得到巴西队征召，当时巴西队主教练还不是文森特·费奥拉，而是西尔维奥·皮里洛（Sylvio Pirillo）。对阿根廷一战，贝利下半场替补上场。尽管国家队首战就对阵强敌，但少年贝利没有怯场。阿根廷人首先进球，贝利为巴西队扳平比分。不过最终阿根廷还是2比1取胜，贝利的国家队首秀以一场失利告终。不过，罗卡杯次回合，在圣保罗的帕卡安布球场，巴西队2比0取胜，贝利为巴西队打破僵局。罗卡杯是巴西和阿根廷之间的对抗赛，巴西队首秀就收获一项国际赛事冠军，少年贝利着实了得。

贝利是一颗冉冉升起的新星，但瑞典世界杯开始时，他只能坐在巴西队替补席。首战奥地利，巴西队3比0大胜，但比赛的过程并不像比分所表现得那样，巴西队踢得暗淡无光。次战英格兰，巴西队只与对手0比0打平。最后一战是生死战，此前苏联队2比2与英格兰队踢平，2比0赢了奥地利队。对苏联队战前，巴西队发生了兵谏。一组球员与主教练文森特·费奥拉开会，他们要求巴西队做出改变。贝利、加林查和齐托（Zito）进入主力阵容，贝利和加林查这一对巴西足球史上最伟大的进攻搭档迎来了在世界杯赛场上首发的机会。对苏联队，巴西队2比0取胜，瓦瓦梅开二度，瓦瓦的第二球受益于贝利的助攻。1/4决赛巴西队艰难取胜威尔士，贝利打进个人世界杯第一球。半决赛对法国队，贝利上演"帽子戏法"，巴西队5比2大胜。决赛对东道主，巴西队5比2胜出，贝利梅开二度。

贝利世界杯首战穿的传奇10号黄衫去哪儿了，这很长时间成了一个不解之谜。首先要明确的一点是，那件球衣没有在贝利手里。2008年，一位名叫罗伯特·卡纳沃的意大利球衣收藏家在互联网上拍卖贝利的那件球衣。但看到巴西"环球体育"网站的一篇报道之后，罗伯特·卡纳沃明白他手头的那件球衣并非贝利当年穿过的球衣，他上别人的当了。欺骗罗伯特·卡纳沃的是一个英国收藏家。据那个英国人说，巴西队与苏联队的比赛结束后，贝利与威尔士球员德雷克·苏里文交换了球衣，后来他把那件球衣搞到手。既然罗伯特·卡纳沃手中的球衣是假的，那么贝利世界杯比赛上穿过的第一件球衣哪儿去了？真版球衣在一位名叫达尔瓦·拉扎罗尼的巴西女老师手中。2002年3月，在里约热内卢举行的一次拍卖会上，她以22 115雷亚尔的价格购得贝利珍贵球衣。贝利球衣的前主人名叫伊莱妮·德·阿泽韦多·利马，瑞典世界杯时，她是巴西体育联合会工作人员。巴西与威尔士赛后，贝利本人把他穿的球衣送给了伊莱妮。

"把冠军奖杯举起来！"

夺冠之后，巴西队球员并排站在场地中间。这是历史性的一刻，听到球场上空响起巴西国歌，许多巴西队球员眼圈都红了。哭得最厉害的是扎加洛和贝利，两个人哭得像两个孩子。17岁的贝利把头伏在巴西队主力门将吉尔马尔的肩上双手捂着脸失声痛哭的照片，成了1958年瑞典世界杯上最为经典的照片之一。看到扎加洛哭得实在太过伤心，巴西代表团团长保罗·马沙多·德·卡瓦略走到他身边安慰他，与一名巴西队替补球员将他扶下场。随后，瑞典国王古斯塔沃·阿道夫六世从贵宾看台下到球场，在临时搭起来的木质领奖台上，瑞典国王将儒勒·雷米特杯颁给巴西队队长贝利尼，巴西左后卫高高举起了雷米特杯。

以前的五届世界杯，夺冠球队的队长或球员只是把雷米特杯捧在胸前，还没人把它高高举起，举过头顶。巴西人贝利尼也发明创造了一种新的举杯方法，这不仅为后来的四届冠军巴西队的队长们所仿效，也为其他夺冠球队队长所仿效。而为人所不知的是，贝利尼高举奖杯的动作，并不是有意为之，而是无心之举。事实是，接过奖杯后，贝利尼成为焦点人物，他被摄影记者团团围住。巴西队夺冠，巴西人更兴奋，巴西摄影记者们更想拍出好照片。可世界杯在欧洲举行，欧洲记者自然人数众多，而东道主瑞典的记者更多。瑞典属于北欧，北欧高人林立，巴西摄影记者们就显得个子矮小了。被挡在外围，个子又矮，根本找不到好的角度拍照。这时，巴西记者们也急中生智，他们异口同声地朝贝利尼喊："把奖杯举起来！把奖杯举起来！"于是贝利尼就高高举起雷米特杯，把它举过头顶。巴西世界杯第一冠队长高举奖杯的一幕也瞬间定格，成为历史的永恒。

　　1958年瑞典世界杯的一个标志性事件是年仅17岁的贝利横空出世，他未来成为足球之王。按人们普遍的看法，贝利被称作球王并最终加冕，是1970年墨西哥世界杯巴西队夺得第三冠时的事。可据贝利本人说，1958年瑞典世界杯时，欧洲媒体就已开始叫他球王。2008年6月，巴西国内庆祝第一次世界杯夺冠50周年，球王贝利接受媒体采访，谈起了50年前的一段往事。球王说："要想接近一位国王不是易事。可决赛后，瑞典国王从贵宾席走下来，在球场上与我们每个人握手。法国《队报》发了一张国王和我的照片，并称为'Le Roi'（国王）贝利。之后，在英国，人们开始称我为'The King'（国王）。这个称呼就叫开了。"

　　1958年世界杯前5战，德索尔迪（De Sordi）均首发出场，且场场打满90分钟。但决赛对东道主瑞典，德索尔迪却坐上了替补席。世界杯夺冠，幸运儿是贾尔马·桑托斯（Djalma Santos）。虽然只在决赛中上场，只打了一场比赛，但贾尔马·桑托斯却最终当选那届世界杯的最佳右后卫。对于德索尔迪来说，决赛未上场有点不公平。他不上场，并非因为伤病原因，而是因为巴西队队医希尔顿·戈斯灵（Hílton Gosling）的一句话。戈斯灵下断言说，德索尔迪非常容易紧张，决定派他上场兴许会出事儿。巴西队主教练文森特·费奥拉听从了队医的建议。

多年后，贾尔马·桑托斯回忆说："决赛前，我还找德索尔迪聊天，祝他有好运气。在巴西队，尽管存在着竞争，但我们非常友好，彼此间坦诚以待。其实那时队医就已经否决了德索尔迪。当我知道我要上场时，我有点半信半疑。"对于决赛中自己的出色表现，贾尔马·桑托斯的说法是："我们的球探工作做得非常细致，对方左边锋的特点他了解得非常清楚，因此我上场之前就做好准备，防守他不成问题。"个人一战成名，巴西队夺得世界杯第一冠，贾尔马心满意足。赛后巴西边后卫说："我拿过巴甲冠军和泛美运动会冠军，但只差世界杯冠军。现在我终于拿到了它，我可充满自豪地退役了。"直到2013年7月23日去世，贾尔马·桑托斯一直还保留着决赛中他穿过的那件4号蓝色球衣。

对瑞典的决赛是巴西队第一次穿蓝衫，关于蓝衫的诞生还有一段小故事。巴西队是黄衫，而东道主瑞典队也穿黄衫，按照规则，也是出于对东道主的尊重，巴西队必须要改穿其他颜色的球衫。世界杯开始前，巴西队没想到会走那么远，也没想过在决赛中会遇到同样穿黄衫的东道主。撞衫了怎么办？改穿其他颜色的球衫，应该穿什么颜色好？巴西代表团和巴西队教练组经过研究之后，决定对瑞典队改穿蓝衫。巴西队派人去斯德哥尔摩的自由市场上买了蓝衫，从黄衫上撕下巴西体育联合会会徽缝上去，就成了巴西队第二套队服。

像第一比赛服黄衫一样，蓝衫也成为巴西队的一个标志和象征，也为巴西队带来过成功和好运气。为什么选蓝色？据老帅扎加洛回忆说："瑞典决赛穿黄衫，所以巴西队选了蓝衫。白色肯定不能穿，他们说圣母的披风也是蓝色的，蓝色可以驱走坏运气。蓝衫是在瑞典临时买的，买来之后，又从黄衫上撕下巴西体育联合会会徽缝了上去。蓝衫带来好运气，它给我们带来快乐。"

"落叶球"鼻祖

以"落叶球"鼻祖著称的迪迪是瑞典世界杯巴西队的中场灵魂，他当选瑞典世界杯最佳球员，捧起了金球奖。在新闻俱乐部所进行的投票中，迪迪得到了1350票。法国中场雷蒙德·科帕（Kopa）排名第二，他只得到了456票。当地报纸《瑞典日报》写道："只要我们可以看迪迪踢球，不管是什么票，就算再贵，买了也值得。"迪迪踢球风格非常优雅，欧洲记者甚至给他起了个新绰号"足球先生"。尽管当选最佳球员，迪迪依旧谦逊低调。他说："最重要的是赢得世界杯冠军。"除了1958年世界杯，1962年世界杯，迪迪也是巴西队主力，为巴西队夺到了世界杯第二冠。对瑞典的决赛，迪迪的领袖气质对巴西队取胜起了重要作用。瑞典前锋利德霍尔姆首开纪录之后，迪迪从本方球门中抱起皮球，冷静地走到中圈开球。他的镇定感染了队友，才有巴西队的5比2大胜。

迪迪1928年10月8日出生于里约州内地小城坎波斯，2001年5月12日去世，全名瓦尔迪尔·佩雷拉（Valdir Pereira）。迪迪技术出众，球踢得也非常聪明冷静，他的动作非常优雅，还擅长长传。1949—1957年效力弗卢米嫩塞，正是在那里，他发明了"落叶球"任意球踢法。在弗卢米嫩塞，迪迪踢得并不开心，只拿了一次州联赛冠军。弗卢米嫩塞球迷和舆论对迪迪也不满意，说他在场上像在睡觉，只是想踢了才踢。1956年，迪迪转会博塔福戈，创下了当时巴西足坛最贵转会身价。1959年，瑞典世界杯一年之后，迪迪加盟皇家马德里，与阿根廷巨星阿尔弗雷多·迪斯蒂法诺和匈牙利巨星普斯卡什做了队友。但迪迪与阿尔弗雷多·迪斯蒂法诺和普斯卡什一直不和，第二年他就回了巴西，重新加盟博塔福戈。退役之后，迪迪执教过秘鲁国家队。1970年墨西哥世界杯，迪迪执教的秘鲁正是被他当年队友扎加洛统率的巴西队击败。

"落叶球"是一种很具迷惑性的任意球踢法，皮球在半空中左飘右飘，让对手门将无所适从，此时皮球却突然下坠，飞速飞向对手球门。关于"落叶球"的产生还有一段故事。有一年的里约州联赛，迪迪脚部受伤，但弗卢米嫩塞急需用他，所以他只能带伤上场。《迪迪："落叶球"天才》一书的作者佩里斯·里贝罗说："那种踢法在一次受伤后诞生，迪迪的那次伤很难好，而弗卢米嫩塞需要他重新在里约州联赛中上场。迪迪开始琢磨一种带有欺骗性的踢球方法，以免再伤到受伤的地方。正是在那里诞生了'落叶球'，它是艺术和科学的结合。踢'落叶球'时，需要对风力和风向进行判断，也需要观察对手门将的位置和身高。此外，还需要了解对手门将的站位和扑球习惯。皮球的弧线拉得完美无瑕，其他的就是随性发挥了。"

迪迪在皇马踢得不成功，也是因为阿尔弗雷多·迪斯蒂法诺故意跟他过不去。阿尔弗雷多·迪斯蒂法诺在皇马成名已久，他鼓动队友抵制迪迪。在《迪迪："落叶球"天才》一书，佩里斯·里贝罗讲了一个有趣的故事。听说迪迪会踢"落叶球"，阿尔弗雷多·迪斯蒂法诺不服气。有一次，阿根廷人跟迪迪打赌，说他也会踢"落叶球"。踢球时，阿尔弗雷多·迪斯蒂法诺没站稳，很滑稽、很没面子地摔倒在地上。对于"落叶球"，佩里斯·里贝罗解释道："'落叶球'绝对是一个很独特的踢法，是历史上最有名的踢法，并不是每个人都能踢得出来。"

不同生，便同死

巴西队世界杯夺冠，主力门将吉尔马尔也厥功至伟，他当选世界杯最佳门将。瑞典世界杯上，巴西队6战仅失3球，吉尔马尔创下了369分钟不失球的纪录。1962年智利世界杯，仍是吉尔马尔为巴西队镇守龙门，巴西队蝉联冠军。吉尔马尔也成为世界杯历史唯一一位两夺世界杯冠军的门将。那届世界杯期间和过后，巴西国内新生男孩儿起名吉尔马尔的特别多。这种情况正像1994年美国世界杯巴西队时隔24年夺冠后，巴西国内叫罗马里奥的孩子非常多一样。吉尔马尔全名吉尔马尔·内维斯，36年后，1994年美国世界杯上，佩雷拉巴西队替补门将也叫吉尔马尔，全名是吉尔马尔·里纳尔迪。1958年世界杯巴西队夺冠，吉尔马尔·里纳尔迪出生，他父亲就给他起了与世界杯一冠冠军相同的名字。前后两位吉尔马尔为巴西队夺得世界杯，这也算是巴西足坛的一段佳话。

多年后谈到与瑞典队的决赛和世界杯首冠，吉尔马尔说："当瓦瓦扳平比分时，我觉得肯定夺冠了。瑞典队踢得不错，但巴西队踢得更好。瑞典人自己进攻，他们不会粗野犯规，也让对手打出自己的足球。夺得世界杯首冠，那种感觉无法形容。就像一个孩子，他从商店前走过，看到一个心爱的玩具，但父亲却没钱买给他。可是突然有一天，他收到了一件礼物，正是他想要的那件。直到今天，看到当年世界杯的珍贵片段，我还会激动得流出热泪。"

除了夺冠两届世界杯，吉尔马尔还作为主力参加了1966年英格兰世界杯。不过在英格兰世界杯上，吉尔马尔和巴西队却没有前两届的好运气，巴西队小组赛过后就被淘汰。关于吉尔马尔，也流传着几个小故事。1/4决赛对威尔士队，在由更衣室通向球场的球员通道里，吉尔马尔跟右后卫德索尔迪说，那场比赛对巴西队至关重要，如果需要的话，他愿意为巴西队而死。而德索尔迪一点没犹豫，回答说："如果死的话，那让我们俩一起死。"不知道是一话成谶，还是纯粹的巧合，吉尔马尔和德索尔迪死于同一天。两人都是2013年8月25日去世。1930年8月22日出生的吉尔马尔享年83岁，而1931年2月14日出生的迪索尔蒂享年82岁。

关于吉尔马尔，还有另外一个故事，这个故事并非传闻，而是确有其事。尽管瑞典世界杯是在当年6月份举行，但巴西队球员还是适应不了瑞典一早一晚的寒冷。众所周知，门将是足球场上跑动最少的位置，晚上打比赛时难免感觉到寒冷。为了抵御瑞典的寒冷，前几场比赛时，吉尔马尔习惯在3号球衫下面再加上一件训练服。前5场比赛，吉尔马尔在3号球衫里面穿的是13号训练服。可是对瑞典决赛那一天，也奇怪了，那件13号衣服却怎么也找不到。于是吉尔马尔决定换一件衣服，穿3号训练服就可以了。

可队友们和巴西队教练组认为，既然13号给巴西队带来好运，前5轮巴西队一直保持不败，出于保险起见，吉尔马尔最好还是接着穿13号衣服。13号找不到怎么办？巴西队里面也有聪明智慧的人，他们找来一块布条，在3号衣服上的"3"之前又用布条做了一个"1"字，就成了"13"。说起来巴西人真够迷信的，让吉尔马尔穿着3号球衣上场，巴西人肯定不放心。如果巴西队世界杯的第一冠真的因为一件球衣这样的小事而付之东流，巴西人不会后悔一辈子？不怕一万，就怕万一，对于世界杯决赛这样的大事，再怎么谨慎小心都不为过。

关于瑞典世界杯决赛用球，也有一个有趣的小故事。比赛当天，巴西代表团团长保罗·马沙多·德·卡瓦略给巴西队按摩师马里奥·亚美利科（Mário Américo）布置了一个任务，让马里奥·亚美利科想办法把决赛用球弄到手，他想把决赛用球保存起来。保罗·马沙多·德·卡瓦略想得很美，想得也很简单，他没想到的是当值法国籍主教练毛里塞·吉格（Maurice

Guigue）也有这个念头。

　　比赛结束哨声一响，巴西人开始庆祝，毛里塞·吉格把球夹在胳肢窝里，朝裁判员更衣室走去。说时迟，那时快，马里奥·亚美利科像闪电一样出现在法国主裁判身后，他用手一捅，球就掉在草皮上。巴西队按摩师弯腰捡起皮球，然后飞快地向巴西队更衣室跑去。几分钟后，法国主裁判到巴西队更衣室要球，马里奥·亚美利科一副很委屈的样子，把球给了法国人。等毛里塞·吉格走远了，马里奥·亚美利科一阵大笑。原来马里奥·亚美利科玩儿了一个"狸猫换太子"，法国主裁判拿走的不是决赛用球，比赛用球那时早就到了巴西代表团团长保罗·马沙多·德·卡瓦略手中。

七、加林查的世界杯——
1962年智利世界杯

他是长不大的孩子

如果说1958年瑞典世界杯标志性事件是少年贝利的横空出世，那么1962年智利世界杯则成就了加林查。1962年世界杯是加林查的世界杯，巴西世界杯第二冠功臣是加林查，第二次世界杯夺冠实际上跟小组次战过后就受伤，此后再也没有出场的贝利没有多大关系。1962年世界杯是史上最肮脏的世界杯之一，犯规层出不穷。世界杯刚刚开始5天，已经有大约50名球员因对手粗野的犯规而受伤。首战2比0轻取墨西哥队，贝利为巴西队打进第二球。可第二战对捷克斯洛伐克队，巴西队0比0与对手战平。那场比赛贝利被踢伤，直到世界杯结束也没养好伤。那看似是悲剧的开始，但福祸相依，贝利的受伤使"小鸟"加林查得以展开翅膀尽情地飞翔。

行文至此，有必要介绍一下1962年世界杯上的这位主角。加林查出生于1933年10月28日，卒于1983年1月20日，享年49岁。加林查只是他的外号，意思是"鹪鹩"。小时候，加林查非常贪玩儿，好爬高下低，喜欢设捕鸟器在林间捕鸟。他共有15个兄弟姐妹，其中的一个姐姐就给他起了"加林查"的外号。加林查右腿比左腿短了6厘米，而且两腿都向左弯着，这形成了他独特的带球和过人风格。加林查的招牌过人动作是往右带球突然急停，他是足球史上最好的右边锋，没有之一。按巴西人评价，他把足球、杂技和马戏团表演揉到了一起，在他表现出色的下午或夜晚，没有人能拦住他。对墨西哥一战留有一张珍贵的经典照片，照片上共有8名对手在防守他。

加林查是一个长不大的孩子。1958年世界杯时，加林查24岁，但看上去却只有14岁。外号"小鸟"的加林查童心未泯，爱开玩笑。他搞所有人的恶作剧，甚至连巴西代表团团长保罗·马沙多·德·卡瓦略也不放过。加林查给队长贝利尼以及扎加洛、齐托和卡斯蒂略（Castilho）等队友都起了外号。加林查一刻都消停不下来，一整天都跟队友玩"我捉住你了"和"我放开你了"的游戏。当年的队友扎加洛说："加林查是个大孩子，其心理年龄也就14岁。他喜欢开玩笑，我们有时甚至都恼了，但他一点都不理会。"

1958年世界杯是巴西队第三次到国外打世界杯。由于前车之鉴，巴西体育联合会规定了严格的队规，总共有40点。世界杯开始前，所有球员都读了队规并在上面签了字。队规对方方面面都做了规定，比如必须洗漱并刮了胡子之后才能下楼吃早餐，任何人不得只穿着内裤、围着浴巾或穿着睡衣在酒店走廊里走来走去，也不能穿着拖鞋或凉鞋出房间的门。此外，还不能抽烟喝酒。但加林查对这些规定都充耳不闻，瑞典世界杯期间，他最经典的一张照片上，手里就夹着一根烟。

那个时代国与国之间交往较少，瑞典姑娘对黑人球员都有很强的好奇心。瑞典姑娘出奇地开放，来瑞典之前，巴西队高层对此也有耳闻。巴西队队规也有规定，严禁巴西队球员与瑞典姑娘有过多接触。应巴西队的请求，巴西队下榻酒店的28位女服务生都换成了男服务生。不过，尽管有严厉的禁令，巴西球员还是无法抵抗瑞典姑娘们的诱惑。巴西队有禁令，瑞典姑娘也有对策。为了让巴西球员知道自己来了,她们往巴西队员住的房间窗户上扔小石子。说是禁令严格,巴西队高层也对球员们睁一只眼闭一只眼。尤其是在比赛之后,巴西队放假时,只要不影响比赛和训练,巴西队高层也就听之任之了。

半决赛的红牌

　　1958年瑞典世界杯夺冠之后,时任巴西体育联合会主席若昂·阿维兰热下了一道死命令。阿维兰热的命令很明白无误:1962年智利世界杯,为了蝉联冠军,1958年世界杯的一切都将被百分之百地复制。有阿维兰热的命令,1962年智利世界杯上,除了心脏病复发的文森特·费奥拉被艾莫雷·莫雷拉取代是个例外,巴西队教练组保持原样不变。球员也基本是1958年世界杯的夺冠人马,毛罗取代贝利尼,以巴西队队长身份举起了雷米特杯。巴西代表团团长也依旧是保罗·马沙多·德·卡瓦略,就连衣服都是原样不变。1958年世界杯期间巴西队穿的那套深棕色制服,又被从衣柜里拿出。智利世界杯,这套深棕色制服依然是巴西队训练和比赛之外所穿的正式服装。

　　平均年龄超过27岁,1962年智利世界杯巴西队不是世界杯历史上最老的巴西队。但单看主力阵容的年龄,智利世界杯巴西队绝对垂垂老矣。主力阵容中，左后卫尼尔顿·桑托斯37岁、中场迪迪32岁、贾尔马·桑托斯33岁、齐托29岁、扎加洛30岁、队长毛罗30岁、门将吉尔马尔31岁、加林查28岁、瓦瓦27岁。主力阵容中，21岁的贝利最小。贝利小组赛次战受伤之后，博塔福戈前锋阿马里尔多（Amarildo）顶替他首发，把主力的平均年龄又拉高了一些。在智利世界杯上最终夺冠，巴西队主力阵容平均年龄30.5岁，是历届世界杯上最年老的冠军主力阵容。比四年前老了四岁，巴西队何以能在智利蝉联冠军？多年后，扎加洛的解释是："我们靠经验赢得了冠军。"

2012年，1962年夺冠50周年，贝利当年的队友扎加洛回忆了当年贝利受伤的情景。扎加洛说，贝利受伤，让他和队友吓了一跳。扎加洛说："智利世界杯最艰难的时刻是贝利受伤那一刻，他吓得我们所有人都出了一身冷汗。诊断结果是腹股沟伤，我们知道我们只能以10人应战。好在捷克斯洛伐克人尊重巴西足球，尊重贝利受伤这一事实，尽管贝利在场上只能充数。他们对我们太尊重，以至于他们基本上不进攻了。能与巴西队打平，他们也很满意。"

扎加洛认为贝利小组次战后就因伤缺阵，但巴西队还能夺冠，有几个重要的因素。一是加林查有最佳的发挥，二是顶替贝利出战的阿马里尔多表现超出所有人的预期，还有一点则是1962年球队尽管年龄偏大，但他们靠经验最终取胜。扎加洛说："贝利首战就受伤，失去了世界最佳球员，这对球队是个巨大损失。毫无疑问，失去贝利相当于脑袋挨了一枪。我们知道，贝利缺阵，巴西队损失很大。但最重要的是阿马里尔多，他顶替贝利出场，让人暂时忘了贝利。阿马里尔多、加林查、迪迪、尼尔顿·桑托斯和我在博塔福戈是队友，我们相互之间很熟悉，配合上没有问题。因此虽然顶替贝利出场，他适应得很快，没感觉怯场，他打了一届出色的世界杯。不少人说是加林查赢得了智利世界杯，也可以这么说。但顶替贝利出战，阿马里尔多也非常重要，他比我们所有人想象的都踢得好。平心而论，他是那届世界杯先生。"

在1962年巴西队，加林查的作用至关重要，这有当年队友的话为证。多年后，智利世界杯冠军阿马里尔多回忆道："贝利受伤之后，加林查完全改变了他的踢球风格。在场上，他有绝对自由，他能为队友扯开空当。那之前他在边路踢得多，他一个人能吸引对方两三名球员盯防。这使我和瓦瓦获得了更大的空间。他开始往中路走，为我们开辟了更大的空间。"加林查成功的另一个秘诀是刻苦的训练。智利世界杯巴西替补右后卫贾伊尔·马里尼奥揭秘道："你们知道我们怎么赢得了世界杯？加林查能进任意球了，之前他可不知道怎么踢。他也会进头球了，之前他不知道怎么用头顶。其他球队训练也很刻苦，加林查也受了感染。"

尽管没了贝利，巴西队还是一路前行。小组末战2比1击败西班牙队，1/4决赛3比1战胜英格兰队，半决赛4比2大胜智利队。当然了，世界杯第二冠，加林查功劳最大。智利《信使报》甚至发问道："他踢的是快乐足球，他的动作难以预测，很难拦住他，加林查到底来自哪个星球？"可是半决赛对东道主智利，加林查被罚出场外，这对巴西十分不利。加林查被罚出场外不是由于他恶意犯规，而是因为对手埃拉迪奥·罗哈斯（Eladio Rojas）对他犯规太多，还不时地对他进行挑衅，孩子性子的加林查终于忍无可忍，踢了对手屁股一脚。当时巴西队4比2领先，加林查没必要跟对手计较，没必要中招儿。可是加林查那么率真的人，那样的事发生在他身上也不足为奇。

乌拉圭边裁埃斯特班·马里诺（Esteban Marino）看到了所发生的一切，他叫来了秘鲁籍主裁判阿尔图罗·山崎（Arturo Yamasaki），于是，后者将加林查罚了出场外。巴西记者阿尔格乌·阿丰索（Argeu Affonso）当年在现场观看了巴西与智利的半决赛，他认为加林查踢埃拉迪奥·罗哈斯的那脚并不严重。阿尔格乌·阿丰索说："加林查不是想攻击他。他用脚背踢了一下罗哈斯的屁股。他没有伤人的意思。"以加林查的孩子脾气，他确实也无伤人之意，实在是对手把他惹急了。

按照当时的规定，加林查被罚下场后，还要接受国际足联的调查，国际足联会很可能会对加林查做出禁赛的处罚。那么，巴西队在接下来对阵捷克斯洛伐克队的决赛中很可能失利。巴西队已经失去了贝利，因为伤病，他决定仍不上场，现在不能再失去加林查！巴西体育联合会主席阿维兰热立刻采取行动，他劝说乌拉圭籍边裁埃斯特班·马里诺在审判加林查之前就离开智利回了蒙得维的亚。缺少了加林查对智利球员罗哈斯犯规的唯一目击证人，听证和审判也就不了了之，国际足联赦免了加林查，决赛他还能上场。对战捷克斯洛伐克队，加林查发着38度的高烧，但他的上场足以吓破捷克斯洛伐克人的胆子，其主教练派了两人盯防加林查。盯死了加林查，但却解放了巴西队其他球员。最终阿马里尔多、齐托和瓦瓦进球，巴西队3比1取胜，第二次捧起了雷米特杯。

巴西人为加林查行贿？

2012年6月17日，巴西队世界杯第二冠50周年纪念日，巴西对智利一战替补主裁判奥尔滕·艾雷斯（Olten Ayres）在接受巴西环球SporTV采访时给出了另一个版本，他指控也在智利世界杯执法的巴西籍裁判若昂·埃特泽尔（João Etzel）贿赂了乌拉圭边裁埃斯特班·马里诺。

奥尔滕·艾雷斯说："若昂·埃特泽尔揣着10 000美元，那在当时可是个大数目。在巴西体育联合会高层的授意下，他把钱给了埃斯特班·马里诺。后来我跟若昂·埃特泽尔见过面，他跟我说：'是我赢得了世界杯，是我拿了10 000美元，给了埃斯特班·马里诺。'"奥尔滕·艾雷斯还说："若昂·埃特法尔没把钱全数给马里诺，他自己私吞了5 000美元。又过了几年，我碰到了垂垂老矣、感伤怀旧的埃斯特班·马里诺。他其实是一位出色的裁判。他跟我说：'我在找若昂·埃特泽尔。'我问他为什么，他回答说，'若昂拿了10 000美元，那些钱都是给我的，可他只给了我5 000美元。'"

拿了钱之后，埃斯特班·马里诺就消失了，谁也找不到他。连埃斯特班·马里诺回家的船票都是巴西体育联合会花的钱。巴西队前球员没有证实这个说法，不过说在决赛那天他们确实听到了一些关于此事的故事。1962年世界杯之后，马里诺曾在圣保罗州足协工作过一段时间。可能确实如奥尔滕·艾雷斯所说，智利世界杯决赛前，巴西体育联合会做了手脚。可加林查被罚下场确实挺冤，不对他进行停赛处罚也情有可原。再说了，加林查那样能给球迷带来巨大快乐的巨星，如果因为被罚出场而无缘世界杯决赛，可能广大球迷都不答应。国际足联取消对他的处罚，也算是做了一件顺应民意的事情吧。

1962年智利世界杯是加林查的世界杯，也是巴西女歌手埃尔萨·苏亚雷斯（Elza Soares）的世界杯。加林查早就结婚，发妻已为他生下9个孩子。可智利世界杯期间，他却深深地爱上了埃尔萨·苏亚雷斯。智利世界杯上，加林查和瓦瓦都进了4球，并列巴西队头号射手。1/4决赛对英格兰加林查独进两球，半决赛对智利队，他梅开二度。加林查所有的4个进球，都是在巴西女歌手眼皮底下打进的，她就坐在看台上。智利世界杯前，两个人就认识了。埃尔萨去智利倒不是因为加林查的缘故，她是受一位乌拉圭企业家邀请去看世界杯，结果世界杯期间她和加林查相爱了。决赛之前，加林查跟埃尔萨说："我会把世界杯冠军奖杯当作礼物送给你。"埃尔萨将信将疑，她有点害怕。另外，她对世界杯冠军奖杯究竟是什么也没有概念。没想到的是，加林查真的搞到了承诺给她的特别礼物。

对埃尔萨的爱激发了加林查的斗志，阿根廷球星阿尔弗雷多·迪斯蒂法诺的挑衅则使加林查成了"愤怒的小鸟"。那届世界杯，阿尔弗雷多·迪斯蒂法诺代表西班牙出战。他当时受了伤，没法上场，但还是去了智利。阿尔弗雷多·迪斯蒂法诺说："就算有11个加林查在场上，巴西队也赢不了智利世界杯。"有一天，巴西队吃午饭时，队友们把阿尔弗雷多·迪斯蒂法诺的话告诉了加林查。加林查站了起来说道："好人们，我刚刚开始跟埃尔萨恋爱，我会为她而战。"埃尔萨在看台上观看了巴西队跟捷克斯洛伐克的决赛，比赛结束后，她冲进了巴西队更衣室。巴西队员们还在洗澡，埃尔萨说她一门心思想见到加林查，因此根本没注意其他人。她冲进更衣室只是想感谢加林查，感谢他送给自己的大礼。

智利世界杯，阿马里尔多表现闪光。在博塔福戈，阿马里尔多和迪迪、加林查、扎加洛一起是队中主力，因此在世界杯上顶替贝利出场，阿马里尔多并不胆怯。相反，与迪迪、加林查和扎加洛等人长年配合，他们彼此之间很熟悉。有人甚至说，1962年智利世界杯，是加林查和阿马里尔多两人凭一己之力为巴西队赢得冠军。智利世界杯，阿马里尔多打了4场进了3球。1/8决赛对西班牙梅开二度，助巴西队2比1淘汰对手。决赛对捷克斯洛伐克，巴西队一度0比1落后，阿马里尔多扳平比分，最终巴西队3比1获胜。

1962年智利世界杯夺冠，主教练艾莫雷·莫雷拉也功不可没，巴西队球员对他评价极高。智利世界杯上，贝利的队友和锋线搭档佩佩本有可能出任主力左边锋，但膝盖伤病使得他不得不把主力位置让给了扎加洛。而年轻的博塔福戈前锋阿马里尔多在巴西队是贝利的替补。贝利第二战就受伤，年轻的他被推上了风口浪尖。尽管在智利世界杯上经历截然不同，但两位世界杯球员都被艾莫雷·莫雷拉主教练的人格魅力和能力所折服。

佩佩认为，艾莫雷·莫雷拉是巴西足坛最好的五位教练之一。艾莫雷·莫雷拉非常镇静，知道怎么鼓励球员。尽管佩佩做了替补，但艾莫雷·莫雷拉经常鼓励他，对其表示信任。除此之外，艾莫雷·莫雷拉的睿智也给佩佩留下了深刻的印象。2012年，艾莫雷·莫雷拉百年诞辰，接受媒体采访谈到当年的恩师，佩佩说："那个年代，他就是一位非常注重战术的主教练，而当时在足球圈还不怎么谈论战术。艾莫雷比大多数教练的智商都高很多。他平静而审慎的口气既表现出对球员的尊重，也能传递给球员们以信任。"佩佩回忆说，有一次在更衣室里，艾莫雷·莫雷拉没对任何球员提高声调，就讲明白了事情，巴西队下半场逆转了比赛。

顶替贝利首发，对于阿马里尔多来说不是件轻松就能完成的任务。又一次，艾莫雷·莫雷拉的沉着和冷静起了关键作用，他使23岁的年轻前锋充满了自信。据阿马里尔多讲，在比赛前，艾莫雷·莫雷拉为他和巴西队打气。阿马里尔多说："他说贝利缺阵不令人担心，因为他知道队中还有一位身体状态极佳，为比赛做好了准备的球员。艾莫雷做了所有事情，以便使我在世界杯上感到如鱼得水。埃莫雷·莫雷拉是巴西历史上最好的主教练之一。他很智慧，有能力，有性格，知道如何与球员相处。他总是团结球员，尽量接近球员。他想知道球员中间所发生的一切，以便能够做出正确的决定。"

八、奇耻大辱：三冠梦碎英伦——1966年英格兰世界杯

情况不妙

作为1962年智利世界杯冠军，巴西自动晋级，连续第8次参加世界杯。1958年瑞典世界杯的冠军教头文森特·费奥拉第二次率巴西队征战世界杯。1958年和1962年蝉联冠军之后，巴西队梦想创下历史，在英格兰第三次夺冠。1946年，经时任国际足联主席儒勒·雷米特提议，国际足联大会做出决定：哪个国

家第一个三次夺得世界杯冠军，它就将永久保留雷米特杯。那时巴西队还没敢想过自己能够三次夺冠，可现在巴西队可以做此奢想。如果在英格兰世界杯上夺冠，巴西队不仅将成为第一支三夺世界杯冠军的球队，永久保留雷米特杯，也将成为世界杯历史上第一支三连冠的球队。尽管看似不可能完成的任务，但巴西队还是有信心尝试一下。

按着巴西体育联合会主席阿维兰热的想法，1962年智利世界杯上一切都不改变，巴西队主教练仍将是1958年首冠名帅文森特·费奥拉。可由于心脏病，文森特·费奥拉没能带队打智利世界杯，艾莫雷·莫雷拉成为巴西足球历史上第二位世界杯冠军教头。这一次卷土重来，文森特·费奥拉也想成为第一位率领巴西队在世界杯两次夺冠的主教练。1962年世界杯，因状态问题，一冠队长贝利尼没有得到艾莫雷·莫雷拉的征召。四年后的英格兰世界杯，尽管已经36岁，但他状态还不错，他又得到了征召。没赶上在智利世界杯第二次夺冠，贝利尼想在英格兰世界杯弥补遗憾。

可这一次，巴西队情况不妙。在世界杯之前，巴西队犯了许多错误，并为此付出了高昂的代价。备战期间，屈服于来自各方的政治压力，主教练文森特·费奥拉共征召了44名球员。在制订44人大名单时，一位巴西体育联合会的高层认为名单中科林蒂安球员太少，建议征召该俱乐部中后卫迪当。迪当是个外号，征召名单需要用全名。巴西体育联合会的秘书出了差错，她在名单上打上了另一个迪当的全名，那是效力弗拉门戈的迪当。为了避免被人嘲笑，巴西队教练将错就错，没再更改征召名单上的名字。本来想招科林蒂安的迪当，结果却招了弗拉门戈的迪当。

实际上，在世界杯备战阶段，得到征召的球员的人数最后增加到47人。巴西队内部分成白、绿、蓝、石榴红4支球队，4支球队之间相互打比赛，以挑选最终的22名幸运儿。球员们一会儿被分在这支球队，一会儿又被分在另一支球队。在一个月的时间里，巴西队打了11场比赛。这样做的结果是最终的22人没有在一起合练的机会，启程去英国之前，巴西队已经疲惫不堪。

在国内备战阶段，巴西队先后辗转五个城市。巴西队是两届世界杯冠军，巴西国内所有城市都希望巴西队能大驾光临，一方面是可以提高城市的知名度，另一方面也可以借巴西队的训练和比赛卖票挣钱。巴西队的训练先后安排在五个城市，巴西民众一睹巴西球员芳容的愿望得到了满足，可巴西队球员车马劳顿，搞得十分疲惫。世界杯前，巴西队还更换了体能教练。原来的体能教练保罗·阿马拉尔（Paulo Amaral）被柔道教练鲁道夫·埃尔马尼（Rodolf Hermanny）替掉了。鲁道夫·埃尔马尼的一套训练方法此前从未在足球界试验过，其效果如何可想而知。在英格兰世界杯上，在比赛的最后20分钟，巴西球员们就跑不动了。按巴西人自己形象的说法，最后20分钟，巴西队就"死掉了"。

巴西队世界杯参赛阵容迟迟不能确定。文森特·费奥拉已经不是8年前的文森特·费奥拉。由于健康问题，他不像8年前那样精力充沛。备战期间出现的种种问题，多多少少与他有关。世界杯开始两周前，最终的22人大名单才选定。在这份22人名单中，既有贝利、加林查、吉尔马尔和贝利尼那样参加过之前两届世界杯的老球员，也有托斯唐和热尔松（Gérson）这样的新秀。留给巴西队在一起合练的时间已然不多，他们只能仓促上阵。主教练文森特·费奥拉或许还心存幻想，他觉得巴西队可以通过小组赛逐步找到状态。可巴西队的分组也不利，没给巴西队留下磨合的时间。巴西队小组三战要面对保加利亚、匈牙利和葡萄牙，都是难缠的对手。

英格兰世界杯前，巴西队一系列友谊赛的成绩也不佳。1963年4月，巴西队到欧洲打巡回比赛。那时的主教练还是艾莫雷·莫雷拉。在欧洲，巴西队0比1负于葡萄牙队，1比5输给比利时队，0比1不敌荷兰队，0比3惨败给意大利队，只与英格兰队1比1打平，3比2险胜法国队。1964年，巴西队在国家杯又输给阿根廷队。成绩可以说明问题，1966年世界杯上的巴西队已不是8年前或4年前的巴西队。

"黑豹"击败贝利

除了内部的不利因素，外界因素也不利于巴西队。世界杯开始前，英格兰足总发信函给巴西体育联合会，说巴西人习惯喝的咖啡含有咖啡因，将被视作兴奋剂。而巴西体育联合会也不示弱，说这件事英格兰足总应该直接跟巴西咖啡学会讨论，英国喝的茶里面含有的兴奋剂成分更多。英格兰世界杯还有两周就要开始时，主教练文森特·费奥拉才最终确定了22人世界杯参赛名单。所有这些因素都带来某种不祥的兆头，给巴西队的英格兰世界杯前景蒙上了一层阴影。

1966年7月12日小组首战，在利物浦古迪逊公园（Goodison Park）球场，巴西队2比0击败保加利亚队。贝利第15分钟为巴西队首开纪录，加林查第56分钟打进第二球。那是贝利和加林查最后一次并肩作战。像智利世界杯时一样，贝利小组首战就受伤。保加利亚人对贝利粗野犯规，他的左膝出了问题，次战对匈牙利不能上场。对匈牙利队，主教练派托斯唐在贝利的位置上首发，结果巴西队1比3告负，托斯唐为世界杯冠军打进安慰性进球。7月15日一败是世界杯13场不败之后巴西队的第一败，巴西队上一次在世界杯上输球是1954年世界杯，对手也是匈牙利队。那场比赛史称"伯尔尼战役"，因两队球员间的大规模冲突而著称。这一败也使巴西队出线前景堪忧。小组末战，出线生死战，两冠巴西队要对阵世界杯新军葡萄牙队。葡萄牙阵中有"黑豹"尤西比奥，葡萄牙人眼中的"葡国贝利"。

对葡萄牙队一战，巴西队还有出线的希望。古迪逊公园球场一战是前殖民地巴西和宗主国葡萄牙在世界杯历史上第一次交锋。实际上，那届世界杯，也是葡萄牙第一次参加世界杯决赛阶段的比赛。与1958年和1962年的冠军巴西队相比，1966年英格兰世界杯巴西队整体老化，过度依赖贝利。输给匈牙利队，使巴西国内很是担忧。受到巨大的压力，文森特·费奥拉决定对首发阵容做大手术。相比对匈牙利队一战的首发11人，文森特·费奥拉只保留了中场球员利马和雅伊尔津霍，贝利重返首发阵容，而加林查却失去了主力位置。赛前，葡萄牙巴西籍主教练奥托·格劳利亚做出大胆而精准的预测："巴西队有世界上最好的球员，但这是最差的巴西队之一。"

英格兰世界杯上，一向镇定和好脾气的主教练文森特·费奥拉也乱了方寸。对保加利亚和匈牙利，贝利尼不仅首发而且还是巴西队的队长。可第三战对葡萄牙，他将失去主力位置。赛前，文森特·费奥拉专门找他谈了心。多年后接受媒体采访，贝利尼描述了他所见到的一幕：文森特·费奥拉绝望至极，他早就没有了1958年率巴西队第一次夺冠的气定神闲。

贝利尼说："一切从开头就错了。刚开始时，我们太过自信。到了英格兰，还是一错再错。我们下榻的酒店离利物浦很远，阿维兰热呆在伦敦，接近决策中心。我觉得他当时更关心的是为他竞选国际足联主席做铺垫。当我们上场比赛时，事情绝对不会好到哪里去。对葡萄牙比赛那天，主教练叫我去了他的办公室。他跟我说：'我们打算换掉九名球员。他跟我说得很明确，我也是离开主力阵容的球员之一。我成了一张无效选票。'他自己也说，做出那么大的变化有点莽撞。我也能够理解，我离开了主力阵容。巴西队有可能小组都出不了线，当着我的面儿，他差点就哭出来。那届世界杯，真是一团糟。"

找准巴西队罩门，葡萄牙人决定盯死贝利，因为贝利是巴西队中唯一能决定比赛走向的球员。葡萄牙队后卫文森特和莫拉伊斯紧盯着贝利，对球王不惜野蛮犯规。刚开场20分钟，贝利就被对手踢残了，伤痕累累的他不得不拖着双腿在场上走。直到那届世界杯，还没有比赛换人一说，如果贝利下场，巴西队就将少一人应战。贝利强撑着在场上，他只是滥竽充数，对巴西队没起到一星半点的帮助。最终，葡萄牙人3比1赢得葡语表兄弟之战，"黑豹"尤西比奥独进两球。赛后，尤西比奥走上前安慰贝利。

加林查的告别

此前两届世界杯蝉联冠军的巴西队只得提前打道回府。这是1934年意大利世界杯之后巴西队在世界杯上的最差成绩。小组赛三战两负，巴西队进4球，失6球。1962年智利世界杯已经够肮脏，1966年英格兰世界杯则称得上是史上最暴力的世界杯之一。欧洲裁判对场上的粗野犯规视而不见，贝利成了绿茵暴力的受害者。在场上，贝利遭到了葡萄牙人围追阻截，技艺无从施展，巴西队1比3失利，早早告别了世界杯。

与之前蝉联世界杯的那两届巴西队相比，英格兰世界杯上的巴西队没有生气和活力，缺乏创造力，面对阵型和战术打法稍稍成型的球队，比如匈牙利队和葡萄牙队，巴西队就会轻易地被对手控制。对球队的表现不满，英格兰小组赛三战，主教练文森特·费奥拉大面积换人。三场比赛，22人大名单中的20人先后上过场。要知道那时还不允许比赛过程中换人，由此可见巴西队的阵容在英格兰世界杯上变化是多么大。三场比赛，只有雅伊尔津霍和利马都上场。

巴西队最大牌的两位球星贝利和加林查，一个因为伤病，一个因为主教练对其表现不满意，都只打了三场比赛中的两场。对葡萄牙，贝利首发出场，可加林查却坐到替补席。取胜后，葡萄牙人不仅庆祝晋级，还庆贺葡萄牙球王对巴西球王的胜利。可如果加林查也能上场，葡萄牙人还能取胜吗？尤西比奥在场上还会那样嚣张吗？也难说。因为加林查已经不是在前两届世界杯球场上呼风唤雨、踢着快乐足球的加林查。由于膝盖的伤病，他的状态不复从前。

1966年世界杯巴西队提前出局，也标志一个时代的结束。英格兰世界杯后，"小鸟"加林查告别巴西队，他再也没有穿过桑巴黄衫。职业生涯，加林查身披黄衫为巴西队出战60场，只输过1场比赛。有加林查上场的60场比赛，巴西队52胜、7平、1负，加林查进了17球。唯一的一场失利，就是英格兰世界杯小组赛第二战1比3输给匈牙利。在巴西国内，加林查有一个绰号是"人民的快乐"。没有了"小鸟"，巴西队右路再也找不回昔日的那种快乐。

英格兰队世界杯耻辱出局，也标志着贝利与加林查在巴西队联袂时代的结束。1966年7月12日，世界杯首战对保加利亚2比0取胜一战，是贝利和加林查为巴西队最后一次并肩作战，两人各进一球。历史惊人地巧合，1958年5月18日，贝利和加林查一起在巴西队联袂首发出场，对手也正巧是保加利亚。那场比赛在圣保罗帕卡安卡球场举行，巴西队3比1击败对手，贝利梅开二度。1958—1966年，贝利和加林查同时上场，巴西队打了40场比赛，36胜4平，从来没有输过。这40场比赛，俩人总共打进55球，贝利44球，加林查11球。贝利与加林查的进攻组合，应当是巴西足球历史上最犀利的组合，没有之一。

九、球王加冕&永留雷米特杯——1970年墨西哥世界杯

临阵换帅

1970年世界杯是巴西国内进行电视直播的第一届世界杯。接受英国前裁判、国际足联裁判委员会肯尼斯·阿斯顿（Kenneth Aston）的建议，自1970年世界杯起，正式使用黄牌和红牌，以警告犯规球员或将严重犯规的球员罚出场。确切地讲，1970年世界杯也并不是在巴西全国范围内直播，而只是在

最为发达的南部和东南部100个城市,再加上北方的累西腓、萨尔瓦多和首都巴西利亚直播。1970年世界杯打了32场比赛,巴西国内总共只直播了9场,其中包括有巴西队参加的6场。另外的比赛不是直播,而是录播。

巴西队一度面临无缘世界杯的危险。尽管在南美预选赛上打进23球仅失2球,巴西队只是最后一轮1比0小胜乌拉圭队后才拿到参加墨西哥世界杯的门票。对乌拉圭队的生死战,进球的是贝利。距离世界杯开始仅仅三个月时,巴西队又经历了换帅风波。记者出身的若昂·萨尔达尼亚(João Saldanha)被炒掉。1966年英格兰世界杯率领新军葡萄牙队拿到季军的奥托·格劳利亚和迪诺·萨尼受到邀请,但他们两个人都拒绝了。前球员扎加洛临危受命,但留给他的时间实在太短,他需要仓促间搭建起巴西队基本班底。

与1962年智利世界杯和1966年英格兰世界杯时不同,这一次的巴西队不是夺冠热门。由于1966年英格兰世界杯小组没出线,无论是在巴西国内,还是在国外,都存在着对巴西队的怀疑,就连巴西队自己也自信心不足。前场五位大将中,热尔松被球迷指责为缺乏拼搏精神,托斯唐1969年10月左眼刚刚做了一个大手术,状态低迷,一度就连贝利都坐到了替补席。主教练扎加洛也备受质疑。不少巴西人认为,扎加洛之所以取代前者，是因为他与独裁的军人政府关系好。扎加洛用后腰皮亚扎（Piazza）改打中后卫，也招致批评。

扎加洛顶替的若昂·萨尔达尼亚是巴西足球史上值得大书特书的一位性格教练。若昂·萨尔达尼亚1917年7月3日出生于南里奥格兰德州小城阿莱格雷特，1990年7月12日在意大利首都罗马去世，享年73岁。若昂·萨尔达尼亚很小的时候，他们一家就迁往与南里奥格兰德州相邻的巴拉那州首府库里蒂巴。萨尔达尼亚的家距巴拉那竞技球场只有两个街区之遥，少年时的他就与足球结下不解之缘。之后，一家人又迁往里约热内卢，其父在那里开了一家公证处。若昂·萨尔达尼亚踢过职业足球，曾效力博塔福戈，但时间很短，他不是踢足球那块料。

踢球不成，若昂·萨尔达尼亚转攻学业。他毕业于巴西大学法律学院，巴西大学是现在的里约联邦大学的前身。法律系毕业之后，若昂·萨尔达尼亚又学习了新闻学课程，后来成为巴西著名的体育记者，之后又在多家电台和电视台做过球评。作为体育记者，萨尔达尼亚经常批评球员、教练和球队。他是巴西共产党党员，属于左派，观点上难免比较激进。1957年，此前毫无执教经历的若昂·萨尔达尼亚出任博塔福戈主教练，那一年，博塔福戈拿了州联赛冠军。在博塔福戈，若昂·萨尔达尼亚一直干到1959年，之后就重操旧业。

1969年，若昂·萨尔达尼亚重执教鞭，入主巴西国家队。

1966年英格兰世界杯失利，巴西国内舆论批评巴西队缺乏基本班底。为了解决这个问题，若昂·萨尔达尼亚征召球员时以桑托斯和博塔福戈球员为主。在当时，贝利的桑托斯和博塔福戈是公认的巴西足坛最好的两支球队。这一策略起到了不错的效果，在墨西哥世界杯南美区预选赛上，巴西队6战全胜出线。若昂·萨尔达尼亚曾说过，他的巴西队只会征召"野兽"，于是那支巴西队人称"萨尔达尼亚的野兽们"。归功于若昂·萨尔达尼亚出色的工作，英格兰世界杯后一度低沉的巴西队又重新找回自信并赢得球迷的信任。

尽管如此，有不少人还是公开地批评若昂·萨尔达尼亚，其中就有弗拉门戈主教练多利瓦尔·科尼佩尔（Dorival Knipel）。有一次两人间发生争吵，萨尔达尼亚甚至掏出手枪向对方挥舞。还有传言说若昂·萨尔达尼亚根本不懂体能训练，就体能锻炼的方式，若昂·萨尔达尼亚与教练组其他成员存在着分歧和矛盾。这些可能都促使若昂·萨尔达尼亚被解职。

多年后接受巴西文化电视台采访，若昂·萨尔达尼亚说，他之所以被炒，是因为时任军人独裁总统埃米里奥·梅蒂奇（Emílio Garrastazu Médici）希望他征召效力米涅罗竞技的达达·马拉维利亚（Dadá Maravilha），可他却不理总统的茬儿。

再加上若昂·萨尔达尼亚是巴西共产党员，这一因素更是使梅蒂奇总统下决心要搞掉若昂·萨尔达尼亚，于是他对巴西体育联合会施加了压力。

此时，若昂·萨尔达尼亚的助教请辞，说跟若昂·萨尔达尼亚共事是不可能的事情。巴西体育联合会主席阿维兰热对若昂·萨尔达尼亚采用的"424"阵型也不满意，他认为巴西队派上两个前锋和两个边锋，而中场只有两人，会使后防失去保护。种种因素叠加在一起，最终导致若昂·萨尔达尼亚下台。

前场5个10号？

1966年英格兰世界杯，巴西队小组都未能出线的教训太过惨痛，1970年世界杯，巴西队不敢再有闪失。与欧洲球队世界杯即将开始时才抵达墨西哥不同，巴西队提前三个月去了世界杯东道国。墨西哥是高原国度，提前三个月去那里，一个重要的因素是适应高海拔，另一个因素当然是四年前的英格兰悲剧还历历在目。

从某种程度上讲，巴西队夺冠也与这段精心的备战期有很大关系。由于备战充分，对高海拔适应得好，巴西队的体力有充分的保证。墨西哥世界杯上，巴西队6战6捷夺冠，进19球失7

球。一个容易被忽视的事实是，巴西队的19个进球中，有12个是在下半场打进的，这时对手已经体力不支。最明显的是决赛对意大利队一战。半决赛，意大利队与联邦德国队激战120分钟后才4比3险胜，而巴西队半决赛对乌拉圭队则3比1轻松过关。在决赛中，两队的体力差距显得很突出。4比1大胜，巴西队所进的后三球都是在下半场打进。

在巴西队前场，扎加洛手中拥有贝利、热尔松、雅伊尔津霍、托斯唐和里维利诺五位巨星。据巴西足球记者路易斯·米盖尔·佩雷拉所著的《巴西队圣经》一书说："1970年世界杯上独有的一点是，前场进攻五人组合成员，在各自效力的俱乐部球队都身披10号球衫。雅伊尔津霍效力博塔福戈、贝利效力桑托斯、热尔松效力圣保罗、托斯唐效力克鲁塞罗、里维利诺效力科林蒂安。在各自球队，他们都身穿象征巨星地位的10号球衣。可在墨西哥世界杯上，10号黄衫只有一件，它属于贝利。于是雅伊尔津霍穿上了7号，热尔松穿上了8号，托斯唐穿上了9号，而里维利诺则身穿11号。"

为《巴西队圣经》一书作序的正是当年巴西前场五虎将之一的托斯唐。在序言里，托斯唐纠正了路易斯·米盖尔·佩雷拉在史实上的错误。在序言的开篇，托斯唐写道："1970年世界杯巴西队被许多人视为史上最好的球队。在巴西队阵中，由中场到前场，共有三位左脚将，他们分别是热尔松、里维利诺和托斯唐。在这点上，没什么好奇怪的，只不过有点不常见罢了。提起那届巴西队，许多人都说巴西队前场五人在各自俱乐部都身披10号球衫。这不是事实。在克鲁塞罗，我穿8号球衣。不错，贝利、雅伊尔津霍、热尔松和里维利诺四人在各自俱乐部都身披10号球衫。"

　　诚如托斯唐所言，在他的年代，克鲁塞罗队中10号是迪尔塞乌·洛佩斯（Dirceu Lopes）。迪尔塞乌·洛佩斯颇受若昂·萨尔达尼亚的青睐，他本来笃定能去墨西哥世界杯。主教练换成扎加洛，他对迪尔塞乌·洛佩斯并不赏识，对于迪尔塞乌·洛佩斯落选，扎加洛给出的说法是："巴西队有太多球员都可以踢他那个位置。"说巴西队有五个10号，也是民众的一种夸张心理在作怪。他们相信，在最好的巴西队，五位巨星也都得是10号。1970年巴西队成了一段传奇，民众愿意相信五位巨星都是10号这种说法，这符合他们唯美的心理。托斯唐虽然身穿8号战袍，但他的表现也与10号无异。说1970年墨西哥世界杯巴西队前场有五个10号，这话也没错。

　　准备得异常充分，又拥有五位盖世巨星，巴西队在墨西哥世界杯上摧枯拉朽。小组三战，巴西队4比1大胜捷克斯洛伐克队，1比0小胜英格兰队，3比2险胜罗马尼亚队。1/4决赛，桑巴军团4比2大胜迪迪执教的秘鲁队，3比1大胜乌拉圭队。决赛上，巴西队面对的是意大利队。截至1970年墨西哥世界杯决赛前，意大利队于1934年意大利世界杯和1938年法国世界杯蝉联冠军，巴西队于1962年和1966年世界杯两次夺冠。不管决赛中谁胜出，都将永久保留雷米特杯。

半决赛上，巴西队和意大利队均击败强敌。乌拉圭队给巴西队制造了麻烦，但巴西队常规时间3比1解决问题。意大利队则没那么幸运，在与"足球皇帝"贝肯鲍尔的联邦德国队的半决赛加时赛才解决问题，而且是惊心动魄的4比3。虽然两场半决赛同一天举行，但无疑意大利队体力消耗更大。决赛上，巴西队体力上占优势。不过，意大利人也充满自信。意大利队左后卫贾琴托·法切蒂（Giacinto Facchetti）说："如果赢得决赛，我们就可以认为自己真正是最好的球队，因为我们击败了贝肯鲍尔和贝利。"

对意大利队战前，巴西人做了精心准备。扎加洛放了意大利队最近一些比赛的视频，向队员指出意大利人的弱点。扎加洛还向前锋雅伊尔津霍面授机宜，让他吸引意大利后卫贾琴托·法切蒂离开左路，以便为巴西右后卫、队长卡洛斯·阿尔贝托上前助攻拉出空当。对意大利队，巴西队所进的第四个球正是由从后场杀到前场的卡洛斯·阿尔贝托接贝利横传打进。

决赛中，贝利第18分钟接里维利诺左路传中，为巴西队打进第一球。那是巴西队在世界杯上打进的第100个进球，也是贝利世界杯上的第12球。1958年瑞典世界杯决赛对东道主，贝利曾梅开二度。尽管贝利技术全面，但头球进球还是不多见，尤其是在世界杯决赛上收获头球，那就更显得难能可贵了。第37分钟意大利队扳平比分，可随后热尔松、雅伊尔津霍和卡洛斯·阿尔贝托进球。除了1930年乌拉圭世界杯和1938年法国世界杯，在之前的历届世界杯上，首开纪录的球队最终拿不到冠军。但巴西队4比1大胜，打破了这一怪圈。世界杯历史上第三次夺冠，巴西队永久保留雷米特杯。

贝利的名字是"上帝"

29岁的贝利成为了世界杯历史上第一个三冠球员，而且直至目前仍是唯一一位世界杯三冠球员。贝利和德国队前锋乌韦·席勒（Uwe Seller）一起，是仅有的两位四届世界杯都有进球的球员。1958年、1962年、1966年和1970年四届世界杯，球王总共打进12球。如果不是1962年智利世界杯和1966年英格兰世界杯因伤只打了两场比赛，贝利的进球数比这还要多。一家英国电视台的两位评论员高度评价了贝利在墨西哥世界杯上的表现。一位评论员问："你怎么拼写贝利？"，另一人则答道："God！（上帝）"。贝利当选1970年墨西哥世界杯最佳球员，共有3000名记者参与了投票评选。墨西哥世界杯，巴西队第三次夺冠，球王贝利也正式加冕。巴西队中另一位主角是打进7球的前锋雅伊尔津霍，墨西哥世界杯巴西队打进19球，他和贝利包办了其中的11球。

在1970年世界杯上，球王的表现堪称出神入化，达到巅峰状态。在墨西哥世界杯上，贝利至少有三个动作可以写进史册。对捷克斯洛伐克队一战，看到对方门将维克托（Victor）站位稍偏，贝利有一脚中圈处的超远程射门，皮球擦着球门左侧立柱出了底线，惊了捷克斯洛伐克队门将一身冷汗。墨西哥解说员佩德罗·卡尔巴加尔（Pedro Carbajal）解说道："他尝试破门，那是我看到过的最漂亮的进球。不，我说错了。我没看到。"如果贝利的射门进了，那将是世界杯历史上最漂亮的进球。

对阵英格兰队，贝利小禁区外高高跃起，头球直奔死角。英格兰队门将班克斯飞身扑救，在皮球即将越过球门线时将球挡出底线。贝利头球攻得精彩，班克斯守得漂亮，他的那次精彩扑救也被评为世界杯历史上最佳扑救。半决赛对阵乌拉圭队，贝利还有两个精彩动作。乌拉圭门将开出门球，中场的贝利截得皮球直接施射。如果不是乌拉圭门将扑了一下，那个球必进无疑。之后接队友直塞，贝利对乌拉圭门将来了个漂亮的人球分过，射门时贝利身体已经失去平衡，皮球擦门而出。对意大利队的进球也可圈可点，接里维利诺传中头球，贝利旱地拔葱，起跳高度达1米。

决赛后，队长卡洛斯·阿尔贝托高高地举起雷米特杯，1970年世界杯巴西队作为历史上最好的球队永远留在人们的记忆里。球员们忘情地欢庆。三冠之后，夫复何求？接受采访，后腰克洛多阿尔多（Clodoaldo）甚至跟记者们开玩笑说："现在，我想成为宇航员。"大胡子是里维利诺的标志，由于同年6月30日他要与小学教师马伊萨·维埃拉·加佐拉结婚，队友们才放过了他，没把他的胡子强行剃掉。唯一坏消息是29岁的球王贝利宣布，他将不参加1974年的联邦德国世界杯。1971年7月18日，在马拉卡纳，对手是南斯拉夫队，贝利永久告别巴西队。对于巴西足球来说，贝利的离去是巨大的损失，所有巴西人都成了贝利的"孤儿"。

1970年墨西哥世界杯不仅为球王贝利最终加冕，它也见证了"全攻全守"足球初露端倪。在巴西队，每个人都能攻善守，可以打不止一个位置。在前场，贝利、托斯唐、热尔松、雅伊尔津霍和里维利诺速度奇快，跑位飘忽，他们之间也经常换位。热尔松有时回撤打起后腰来，以便让真正的后腰克洛多阿尔多上前助攻。9号穿在托斯唐身上，但右路的雅伊尔津霍斜插也非常多。那个时刻，他摇身一变成了中锋。雅伊尔津霍带走防守球员，右后卫卡洛斯·阿尔贝托带球上前，他成了右边锋。贝利有时踢左前场，有时也打起中锋来。这样的球队，没有人能防得住。史上最佳，并非浪得虚名。

十、贝利的"孤儿"——
1974年德国世界杯

里维利诺：后贝利时代第一个10号

球王退役，巴西队成了贝利的"孤儿"。贝利之后，谁将是10号桑巴黄衫的主人？1974年德国世界杯，10号黄衫的主人是罗伯特·里维利诺（Roberto Rivellino）。1970年墨西哥世界杯，里维利诺也是前场五位巨星之一。但德国世界杯身披10号，他的作用没能比肩球王贝利。

里维利诺1946年1月1日出生于圣保罗，他们一家人都是忠诚的帕尔梅拉斯队球迷，他本人也不例外。少年时代，里维利诺就展示出在足球上的天赋，他是个出色的左脚将。刚开始时，里维利诺踢室内足球，他所效力的圣保罗州银行（Banespa）队在1962年圣保罗州的一项青年赛事中杀入决赛，对手正是他喜爱的帕尔梅拉斯。决赛上，里维利诺表现出众，被帕尔梅拉斯相中，帕尔梅拉斯通知他去试训。训练了两次，可第三次时，时任帕尔梅拉斯主教练马里奥·特拉瓦格利尼（Mário Travaglini）却对里维利诺和其他少年说："如果你们愿意穿上球衣，你们就穿上。但我不知道你们会不会有参加训练的机会。"

那时的里维利诺就已非常自负，他也有自负的资本，他的左脚可以把皮球玩得出神入化。主教练的轻视激怒了少年里维利诺，他一气之下离开帕尔梅拉斯。里维利诺转投科林蒂安，在"大球会"梯队，里维利诺得到了异于常人的对待。1965年，时任科林蒂安主教练奥斯瓦尔多·布兰当（Osvaldo Brandão）将19岁的里维利诺提拔到一队。球踢得聪明，技术好，左脚有一脚出色的远射，里维利诺很快成为主力。对于科林蒂安的知人善任，里维利诺一直心存感激。多年后他曾说："科林蒂安张开双臂接纳了我，使我能够赢得我职业生涯所赢得的一切，它是我的第二个家。"1965—1974年，里维利诺效力科林蒂安长达9年。

1965年，19岁的里维利诺第一次得到巴西队的征召。从1968年起，他成了巴西队的常客。在科林蒂安，里维利诺在场上的位置是前锋，身穿10号球衣。托斯唐在克鲁塞罗打的也是这个位置，尽管他身穿8号球衣。在博塔福戈和桑托斯，雅伊尔津霍和贝利也差不多踢相同位置，他们在各自俱乐部穿的也是10号。对于年轻的里维利诺，要想在巴西队成为主力并非易事。

只是世界杯预选赛后，距1970年墨西哥世界杯开幕仅数月时，里维利诺才成为巴西队主力。主教练若昂·萨尔达尼亚被炒鱿鱼，1958年和1962年世界杯作为主力随巴西队两次夺冠的扎加洛走马上任。扎加洛显得比前任更为大胆，他表示要想一切办法，让巴西队前场五位巨星可以一同上场。里维利诺在巴西队穿上了11号球衫，他摇身一变成了左边锋。就这样，1970年墨西哥世界杯，24岁的里维利诺成了巴西队的主力。位置变化对里维利诺影响不大，他和贝利、托斯唐、雅伊尔津霍和热尔松配合得轻松流畅、心有灵犀。小组首战捷克斯洛伐克，1/4决赛对秘鲁队和半决赛对乌拉圭队，里维利诺都有进账，墨西哥世界杯上他总共打进3球。

科林蒂安总部和球场位于圣若热花园，由于巴西足坛已经有了球王贝利，里维利诺自然不敢僭越。球迷们也知道只有贝利才配得上王者的称号，也不想对贝利表示出不尊重，于是里维利诺得名"花园小王"，球迷还亲切地称他"里瓦"（Riva）。1970年世界杯是里维利诺的第一届世界杯，也是他发挥最好的世界杯，他和贝利等人一起为巴西夺得世界杯第三冠。除了1974年德国世界杯，里维利诺还代表巴西参加了1978年阿根廷世界杯。1974年德国世界杯，里维利诺的巴西队只获得第四。1978年阿根廷世界杯，里维利诺沦为替补，巴西队获得季军。

里维利诺不如贝利那样璀璨闪光，但阿根廷球星马拉多纳却是里瓦的粉丝。儿时的马拉多纳视里维利诺为偶像和榜样。马拉多纳和里维利诺一样，也是足球史上最出色的左脚将之一。此外，马拉多纳也欣赏里维利诺在场上的反叛精神。里维利诺蓄着八字胡，总是留着长发，这对同样有反叛精神的马拉多纳来说很具吸引力。

对于前辈里维利诺，在世界足坛号称"新球王"的马拉多纳曾做出高度评价。马拉多纳说："当年我还是孩子，我观看了巴西队好多场比赛。贝利去了这一边，我一点都不在意。我眼睛投向另一边，那里有里维利诺。作为足球运动员，我想成为里维利诺。他的盘带过人完美，他的传球精准无伦，他的射门没人防得住……他在场上做的一切，用的都是他的左脚。右脚可以死掉，但他的左脚能够做所有一切东西。我觉得很美。"

里维利诺左脚力量十足，在1970年墨西哥世界杯上，其势大力沉的左脚射门为他赢得"原子脚"的美称。原子弹爆炸威力无穷，用"原子脚"来形容里维利诺的左脚，一点都不夸张，算是恰如其分。有人说："原子脚"这个外号是墨西哥人给起的，也有人说是巴西解说员瓦尔迪尔·阿马拉尔（Waldyr Amaral）给起的。外号是谁给起的并不重要，它形象地概括了里维利诺的技术特点，这一点才更重要。

球王的宝座依旧空着

1974年世界杯是历史上第十届世界杯。依然是世界杯，但1974年开始后的世界杯与前九届却不同。前九届冠军得主捧起的是儒勒·雷米特杯。雷米特杯由法国雕刻家阿贝尔·拉夫勒（Abel Lafleur）设计，高35厘米，重3.8千克，杯体为银质，表面镀金。新的世界杯冠军奖杯就叫国际足联世界杯，又称大力神杯。它高37厘米，全部由黄金做成。大力神杯是由意大利雕刻家西尔维奥·加扎尼加（Silvio Gazzaniga）设计的，他的方案击败了另外52个设计方案。这一次，大力神杯不会再永久归哪个国家所有。冠军可以保有大力神杯4年时间,下届世界杯新冠军产生时,前冠军得交出大力神杯,不过它可以得到一个小一点的大力神杯复制品。

1974年德国世界杯也是巴西人若昂·阿维兰热当选国际足联主席后举办的第一届世界杯。阿维兰热1974年6月11日入主国际足联,他是国际足联历史上第一位非欧洲人主席。阿维兰热此后连选连任,在国际足联主席位子上一直干到1998年,之后还当了多年荣誉主席,2013年4月30日因受贿丑闻爆发才辞去荣誉主席一职。1958—1975年,阿维兰热担任巴西体育联合会主席期间,巴西队四进决赛三夺世界杯冠军。他的姑爷里卡多·特谢拉1989年当选巴西足协主席,2012年3月13日因经济和受贿丑闻辞职。特谢拉任职23年,比老丈人时间还长。特谢拉时代,巴西队三进决赛两夺世界杯冠军。

1970年世界杯后的4年时间里,巴西队也改变了许多。德国世界杯上,巴西队主帅仍是扎加洛。在人员使用上,扎加洛显得有些捉襟见肘。1971年,贝利告别巴西国家队。尽管身体条件还允许,但球王放弃了征战1974年世界杯的念头。1941年出生的热尔松在德国世界杯时33岁,他已经步入职业生涯的晚期,身体和攻击力已不复从前。按理说,1947年出生的托斯唐正是当打之年,1974年世界杯时他只有27岁。可托斯唐左眼一直有问题，1969年10月曾做过一次大的手术，在德国世界杯前就已挂靴。

1970年世界杯上，第三次捧起雷米特杯的巴西队攻击力强大。而4年后，依旧由扎加洛统率的巴西队却变得谨小慎微，东施效颦地想模仿在欧洲十分流行的力量足球。由于是世界杯冠军，巴西队不用打南美区预选赛。1972年，巴西举办了正式名称为"独立杯"的迷你世界杯，尽管最终夺冠，但巴西队只是以两个1比0击败了实力并不突出的苏格兰队和葡萄牙队。1973年，巴西队出访非洲和欧洲，成绩糟糕得一塌糊涂。面对媒体的批评，巴西队球员甚至以抵制媒体采访来加以报复。1974年，世界杯前，巴西队打了9场友谊赛。对希腊队和奥地利队，巴西队与对手0比0战平。作为世界杯三冠王，德国世界杯前，巴西队的表现并不令人信服。

1974年世界杯开始时，贝利留下的王座依旧空着。里维利诺是巴西足球史上最伟大的球星之一，他也被科林蒂安球迷尊称为"花园小王"，但他的实力不足以占据球王留下的空位。小组首战南斯拉夫队，巴西队与对手0比0打平。次战苏格兰队，又是一个0比0平。第三次对扎伊尔队，巴西队才进球，以3比0取胜。但由于南斯拉夫队9比0大胜扎伊尔队，最后一轮又1比1与苏格兰队踢平，巴西队只以小组第二的身份出线。1/8决

128

赛对东德队，巴西队也仅以1比0小胜。1/4决赛对阿根廷队，巴西队2比1险胜。半决赛对克鲁伊夫队领衔的"橙衣军团"荷兰队，巴西队0比2告负。三四名争夺，扎加洛球队0比1输给波兰队，只屈居第四名。

德国世界杯上的巴西队为什么没成功？为什么没能为巴西带回大力神杯？最重要的一个原因是由于1970年夺得第三个冠军之后，巴西国内，也包括全世界，都对1974年德国世界杯上的巴西队期望值过高。当年的主力中后卫路易斯·佩雷拉多年之后也做了解读。路易斯·佩雷拉说："我觉得1970年世界杯巴西队基本上完美无瑕，人们希望1974年世界杯上的巴西队也同样富有进攻性，但巴西队没有可以做到那一点的球员。我们可能有这类进攻球员，但由于战术上的选择，他们没被派上场。获得第四名，对我们也公平。"

托斯唐左眼的毛病大大缩短了这位桑巴巨星在绿茵场上的寿命。1969年，托斯唐成长为巴西队主力。同年8月1日，巴西队在哥伦比亚首都波哥大与当地球队百万富翁打友谊赛。几天后，巴西队将在世界杯预选赛上对阵哥伦比亚，对百万富翁一战是热身赛。比赛中带球，与对方中后卫卡斯塔尼奥斯（Castaños）撞到一起，托斯唐左眼受伤，令所有艺术足球爱好者为之担忧。

同年9月24日，在巴甲前身的罗伯特·戈麦斯·佩德罗萨杯上，克鲁塞罗客场挑战科林蒂安。那场比赛在晚上举行，地点是帕卡安布球场。比赛中，科林蒂安中后卫迪当解围，皮球踢到托斯唐左眼上。说是踢到，实际上没那么严重。皮球只是擦到托斯唐的左眼，可他左眼视网膜却脱落了。同年10月2日，在美国休斯敦卫理公会医院，巴西医生、米纳斯吉拉斯州老乡罗伯特·阿布达拉·莫拉（Roberto Abdalla Moura）为托斯唐做了眼睛手术。

托斯唐聪明睿智、有知识、有文化、好读书，关心社会不公正，是自由和民主的捍卫者，这样的人大家都喜欢，所有巴西人都盼望托斯唐早点康复。若昂·萨尔达尼亚下台，扎加洛走马上任，他不相信托斯唐能打墨西哥世界杯。扎加洛的担心也有道理，因为距墨西哥世界杯开幕仅有3个月时，医生才允许托斯唐运动。不仅是扎加洛，就连巴西队队医利迪奥·托莱多（Lídio Toledo）也认为，墨西哥世界杯上，巴西队指望不上托斯唐了。但不知道是出于直觉，还是出于迷信，扎加洛还是决定给托斯唐以应有的机会。

托斯唐之所以那么招人喜爱，是因为在绿茵场上他是一个无与伦比的天才。托斯唐球踢得聪明，球商非常高。他有着宽广而洞察秋毫的场上视野，传球也异常精准。他的一个手术刀式的传球，就可以助攻前锋轻轻松松地破门。托斯唐脚下技术出众，他对比赛的阅读和理解能力超强，跑位也非常出色。尽管场上位置是中场，主要任务是为前锋们输送炮弹，但托斯唐自己也是个射手。他盘带过人能力也非常强，人球结合能力无与伦比。此外他还是个任意球高手，是克鲁塞罗主教练指定的罚球手之一。尽管极具天赋，托斯唐训练非常刻苦，在比赛后他经常会留下来加练任意球技术。尽管身高只有1.72米，托斯唐赢得了"黄金米涅罗"、"白球王"和"副王"的美誉。在葡语里，米涅罗指的是米纳斯吉拉斯州人。

1966年英格兰世界杯，19岁的托斯唐入选巴西队47人大名单，并被主教练文森特·费奥拉带到英格兰。小组赛第二战对匈牙利队，托斯唐替补出场，巴西队1比3告负，托斯唐打进为巴西队挽回颜面的一球。1968年，在主教练艾莫雷·莫雷拉麾下，托斯唐是贝利的直接替补。足球记者若昂·萨尔达尼亚成为巴西队主帅之后，托斯唐成为球王贝利的锋线搭档。1969年是托斯唐成名的一年，在世界杯南美区预选赛上，与贝利携手率巴西队出线，托斯唐个人打进10球，成为巴西队在那届世界杯预选赛上的头号射手。正是凭借世界杯预选赛上的出色表现，托斯唐从巴西媒体那里赢得了"副王"的绰号。

不管怎样，托斯唐终于去了墨西哥世界杯，他打了巴西队全部六场比赛。鲜为人知的是，每场比赛过后，阿布达拉·莫拉医生都秘密地被带进巴西队下榻的酒店，他的任务是检查托斯唐的左眼。在1970年世界杯上，最令巴西队上上下下担心的就是托斯唐的左眼。尽管冒着左眼再度受伤的风险，尽管巴西体育联合会高层对他有所怀疑，但身披桑巴黄衫9号，托斯唐在墨西哥打了一届伟大的世界杯。对前世界杯冠军英格兰，托斯唐连过数人助攻雅伊尔津霍破门，对阵秘鲁他一人独中两元。因其出色的表现，部分欧洲评论家指出，1970年墨西哥世界杯最伟大的球星其实不是球王贝利，而是年仅23岁的托斯唐。

1971年7月18日，巴西队在马拉卡纳球场迎战南斯拉夫队。那是球王贝利的告别赛，他最后一次身披10号桑巴黄衫出战。后贝利时代，扎加洛把10号黄衫给了托斯唐。之后有两三场比赛，里维利诺穿上了10号球衣，托斯唐改穿9号。但在于巴西举行的"迷你世界杯"上，10号属于托斯唐，里维利诺改穿9号黄衫。按着主教练扎加洛的本意，1974年德国世界杯上，巴西队10号黄衫应该属于托斯唐。

但老天不成全，命运也掣肘，因为眼疾，巴西队失去了托斯唐。1972年"迷你世界杯"，托斯唐为巴西国家队打了最后几场比赛。1973年年初，莫拉博士在休斯敦为托斯唐的左眼做了检查。莫拉医生建议托斯唐退役，否则他有失明的危险。为国家效力理所应当，但不能冒着失明的风险，于是托斯唐宣布挂靴。1972年7月8日，"迷你世界杯"决赛对阵尤西比奥领军的葡萄牙队，是托斯唐身披桑巴球衫为巴西国家队打的最后一场比赛。如果托斯唐眼睛无疾，他能参加1974年世界杯，一切会发生改变吗？

　　1973年宣布挂靴时，托斯唐年仅26岁。为巴西征战65场，托斯唐打进36球。如果不是左眼的伤病，他本可以再为巴西队效力一或两届世界杯。1975年，经过两年的准备，托斯唐参加了巴西国内高考，通过了米纳斯吉拉斯州立大学医学院的考试。1981年，托斯唐大学毕业，成为全科医生。像其他米涅斯吉拉斯州人一样，托斯唐人很质朴，喜欢平静安逸，他远离足球，行医救人，过上了与世无争的生活。20世纪90年代，尤其是1994年美国世界杯后，托斯唐无法拒绝外界的邀请，才再度出山，为多家电视台做评论员，并为多家报纸撰写足球评论文章。踢球是个好手，写文章也是好手，托斯唐成为与后辈球星苏格拉底等人齐名的著名足球专栏作家。

十一、"道义上的冠军"——
1978年阿根廷世界杯

进三球还不够

　　1978年阿根廷世界杯预选赛，巴西队出线路上一波三折。预选赛开始时，巴西队主帅是奥斯瓦尔多·布兰当（Osvaldo Brandão）。巴西队成绩不佳，与哥伦比亚队0比0战平之后，克劳迪奥·库蒂尼奥（Cláudio Coutinho）走马上任。克劳迪奥·库蒂尼奥是位很有能力的教练，在他的率领下，巴西队轻松出线。克劳迪奥·库蒂尼奥执教巴西队打了5场世界杯预选赛，巴西队取得了4胜1平，进17球仅失1球的佳绩。巴西队球星云集，莱昂被认为是当时世界上最好的门将之一，中场有年轻的济科，锋线上有罗伯特·迪纳米特（Roberto Dinamite）。迪纳米特是巴西足坛豪门俱乐部达伽马历史上最伟大的球星和射手，他为达伽马出战1 110场，打进702球。不过，貌似强大的巴西队也有弱点，它整体配合不佳，多名球员还受到伤病影响，其中就有10号球星里维利诺。

实际上，克劳迪奥·库蒂尼奥不是第一次参加世界杯。1970年墨西哥世界杯巴西队夺得第三冠，克劳迪奥·库蒂尼奥是扎加洛教练组成员，他和佩雷拉都是体能教练。作为主教练率队打世界杯，克劳迪奥·库蒂尼奥却没有当年扎加洛的运气。小组赛前两战，巴西队1比1战平瑞典队、0比0与西班牙队握手言和。对瑞典队的首战，在马塔布拉塔世界杯球场，巴西队本有可能取胜。比赛行将结束，巴西队获得角球机会。下半场替补上场的内利尼奥（Nelinho）罚出角球，济科将球打进瑞典球门。这个进球没有任何问题，如果这个进球算进，巴西队将取得开门红。可威尔士籍主裁判克里夫·托马斯（Clive Thomas）却声称，内利尼奥开出角球，皮球还在空中飞翔时，他就吹响了终场哨，因此济科的进球不能算。克里夫·托马斯为这个误判付出高昂代价。巴西队与瑞典队一战过后，他就被国际足联遣返回家。

小组前两战巴西队收获两场平局，而奥地利队却以2比1和1比0的比分击败了西班牙队和瑞典队。小组第三战对奥地利队，巴西队需要取胜才能出线。如果打平或输球，巴西队可能被淘汰。生死战，巴西队也仅以1比0小胜。巴西队和奥地利队同积4分，但净胜球少对手一个。半决赛阶段，巴西队与东道主阿根廷队分到同一小组。小组第一战济科首发打满全场，第二战下半场被替换下场。第三战对奥地利队，年轻的济科失去首发位置，只是下半场替补上场。半决赛阶段对秘鲁队和阿根廷队，济科替补上场，最后一战对波兰队才再度首发。

半决赛阶段，巴西队表现大为改观。首战对秘鲁队3比0完胜，次战0比0与东道主阿根廷队打平。末战对波兰队，巴西队3比1取胜。巴西队与阿根廷队一战，由于战况惨烈，史称"罗萨里奥战役"。对波兰队一战，巴西队3比1取胜，第45分钟让对手进了一个球。要想晋级决赛，巴西队在净胜球上要压过东道主阿根廷队。巴西队门将莱昂觉得自己的失误不应该，主教练克劳迪奥·库蒂尼奥赛后安慰了他，"不错了，小伙子，3比1足够了。阿根廷进不了秘鲁4个球。"

尽管半决赛阶段两胜一平，进6球失1球，但巴西队没能晋级决赛。半决赛阶段最后一轮，阿根廷队6比0大胜秘鲁队，3战同样2胜1平，但东道主进8球0失球，以净胜球优势挤掉巴西队杀进决赛。决赛中，阿根廷队3比1击败荷兰队，史上第一次夺得世界杯冠军。三四名决赛对意大利队，巴西队2比1逆转取胜获得季军，以不败战绩告别了1978年阿根廷世界杯。值得注意的一点是，上半场第38分钟意大利队的进球，与4年后西班牙世界杯上巴西队的克星保罗·罗西（Paulo Rossi）有关。当时保罗·罗西右路突破后传中，巴西门将莱昂没有截到皮球，巴西后防线只是站在原地观瞧，冲到小禁区的弗兰科·考西奥（Franco Causio）将皮球顶进巴西队大门。

道义上的冠军和事实上的冠军

秘鲁队实力不弱，对阿根廷队一战秘鲁队0比6惨败，巴西方面怀疑东道主买通了出线无望的秘鲁队，秘鲁队放了水。对意大利队战后，巴西队主教练克劳迪奥·库蒂尼奥说："我们是道义上的冠军。"这句话暗指秘鲁队莫名其妙的大比分落败。时至今日，"道义上的冠军"仍被巴西人用来概括巴西队在1978年阿根廷世界杯上的总体表现。不过，也有人指出，克劳迪奥·库蒂尼奥创造出"道义上的冠军"说法，只不过是为自己推卸责任，只不过是在安慰因巴西队未能夺冠而失望的巴西人。阿根廷人也不饶人。夺冠之后，阿根廷主教练梅诺蒂大度地祝贺了克劳迪奥·库蒂尼奥。梅诺蒂说："我祝贺我的同行库蒂尼奥，他赢得了道义上的冠军。同样地，我也希望他祝贺我，因为我拿到真正的冠军。"

秘鲁队主力门将拉蒙·奎罗加（Ramon Quiroga）出生于阿根廷，但却效力秘鲁队。对阿根廷战前，奎罗加信誓旦旦地表示："按出身我是阿根廷人，但在内心我是秘鲁人。我会为秘鲁而战，尤其是会为我的名誉而战。秘鲁可以相信我的忠诚。"可在比赛中，秘鲁队共失6球，不少人怀疑奎罗加放了水。但奎罗加赛后却辩解说："我们是站着倒下的。"阿根廷主力门将乌巴尔多·菲略尔（Ubaldo Fillol）赛后也否认秘鲁人放水，他说的也不无道理："难道巴西队不是3比0赢了秘鲁队吗？他们打进了3个球，还有机会进更多的球。我们面临的形势是我们需要进4个球，而我们很好地利用了出现的所有机会。"

而阿根廷前锋马里奥·肯佩斯也说："谁说秘鲁放水，他就不配得到尊重。只有没观看那场比赛的人才那么说，只有心怀深仇大恨的人才会那么说。"那届世界杯肯佩斯小组赛阶段未进一球，主教练梅诺蒂建议他剃掉胡子改改运气。刮了胡子的肯佩斯果然没人再拦得住，剩下的四场比赛他打进4球，成为那届世界杯的最佳射手并当选最佳球员。不仅肯佩斯不承认，就连巴西队一方也有人不同意"道义上的冠军"的说法。世界杯后接受媒体采访，巴西队前锋罗伯特·迪纳米特说："道义上的冠军这种东西是不存在的。"

当时的国际足联主席是若昂·阿维兰热，他能够当选国际足联主席，也得益于阿根廷方面的支持。因此，对于当时的阿根廷军人独裁统治，阿维兰热有意迎合。对于阿根廷人所受到的苦难，他也视而不见、充耳不闻。阿根廷世界杯开始前，阿维兰热甚至为独裁统治下的阿根廷做宣传。他说："世界将有机会认识真正的阿根廷。"阿根廷队与秘鲁队一战可能涉嫌操纵比分，可阿维兰热也没向着巴西同胞。阿维兰热表态说："我已经失去过兄弟和姐妹，每次我都会平静地面对。失败也未尝不是好事，巴西已经赢了三届世界杯，为什么就不能输掉这届呢？"

1970年世界杯，里维利诺和贝利、托斯唐、雅伊尔津霍和热尔松一起组成巴西队摧枯拉朽的进攻5人组合。1974年世界杯，贝利没参加，里维利诺穿上了10号桑巴黄衫。1978年世界杯，10号黄衫仍属于当时效力弗卢米嫩塞的里维利诺。不过，首战对瑞典队首发出场之后，伤病在身的里维利诺就远离主力阵容，直到对波兰队一战以及与意大利队的三四名决战，里维利诺才替补出场。1946年出生的里维利诺当时已经32岁，他年事已高。后贝利时代打了两届世界杯，里维利诺没有起到黄衫10号的作用，阿根廷世界杯后他就告别了巴西队。

阿根廷世界杯上，巴西队7战4胜3平，而东道主阿根廷队7战5胜1平1负。由于当时还实行取胜得2分，平局得1分的规则，巴西队和最终夺冠的阿根廷队一样，总积分都是11分，他们说自己是"道义上的冠军"也不过分。本土世界杯7战，东道主阿根廷队只两次失分，其中之一是小组赛最后一轮0比1输给意大利队，然后就是半决赛阶段0比0与巴西队打平。

孤证不立？

巴西队自称是"道义上的冠军"，可"道义上的冠军"做事也不道义。35年后，2013年2月，阿根廷世界杯时的巴西队球探贾伊罗·多斯桑托斯（Jairo Santo）有惊人爆料。据他说，1978年6月21日半决赛阶段最后一轮之前，巴西体育联合会内部曾考虑向秘鲁队提供奖金，以避免他们大比分输球给阿根廷队。给秘鲁发奖金，这也不符合道义。巴西人之所以想这样做，是因为他们深信阿根廷方面肯定会贿赂秘鲁队，以便大比分赢得胜利。此前，巴西队3比0击败秘鲁队，阿根廷队2比0击败波兰队，而巴西队和阿根廷队又0比0打平，阿根廷队在净胜球上比巴西队少一球。最后一轮，巴西队3比1击败波兰队，总净胜球比阿根廷队多了3个。要想晋级决赛，阿根廷队对秘鲁队必须取得3个以上的净胜球。最后一轮之前，曾效力巴西达伽马的阿根廷门将安德拉德拜访巴西队，从他的言语里可以听出来，阿根廷人会操纵其与秘鲁队一战的比分。据安德拉德说，对于豪尔赫·魏地拉（Jorge Videla）军人独裁政府来说，能否在本土世界杯夺冠事关国家荣誉，他们会用尽一切办法。

贾伊罗·多斯桑托斯回忆道："我记不确切到底是谁提出这个想法的了，但事实是这个可能确实被提了出来，而且还进行了讨论。提出的问题是：巴西队是否有必要给秘鲁钱，好刺激它打好对阿根廷一战？每个人都表达了自己的观点。"1978年阿根廷世界杯期间，贾伊罗·多斯桑托斯的任务是观看对手的比赛，并提交分析报告给主教练。按理说，那样绝密的会议，贾伊罗·多斯桑托斯不够格参加。但除了技战术情况，贾伊罗·桑托斯对对手其他方面的情况也了如指掌，再加上与主教练克劳迪奥·库蒂尼奥关系不错，所以那次会议他也受邀参加。

除了贾伊罗·多斯桑托斯，与会者还有巴西体育联合会主管莫扎特·迪乔尔吉奥（Mozart di Giorgio）、足球经理卡洛斯·阿尔贝托·卡瓦雷罗（Carlos Alberto Cavalheiro）和巴西代表团团长安德烈·里彻尔（André Richer）。那次绝密会议，巴西体育联合会主席、上将埃莱诺·努内斯（Heleno Nunes）因故没有参加。在会上，主教练克劳迪奥·库蒂尼奥最忧心忡忡，他不隐藏自己的担心，他害怕自己在巴西队所做的一切工作因为东道主的"阴谋"而化为乌有。可能正是因为这个原因，他极力支持派人带着钱去找秘鲁人。也正是他在决赛之后，说出了"巴西是道义上的冠军"那句名言。

莫扎特·迪乔尔吉奥赞同送钱给秘鲁，但他却指出时间已经来不及了，没办法贿赂到秘鲁人。巴西队与波兰队的比赛被安排在门多萨，而阿根廷队与秘鲁队的比赛在罗萨里奥举行。门多萨和罗萨里奥一个在西，一个在东，距离800多千米。以当时的交通条件，莫扎特·迪乔尔吉奥说的也是实情，确实来不及有所动作了。安德烈·里彻尔也不支持行贿秘鲁人，会上他投了反对票。贾伊罗·多斯桑托斯回忆道："里彻尔一直支持奥林匹克道德标准，他的立场很正直，卡瓦雷罗也一样。最终，提出的建议不了了之。"

不能做肮脏的事情，不能行贿秘鲁，但巴西体育联合会也没有坐以待毙。它采取了一项策略，让主教练克劳迪奥·库蒂尼奥在公开场合称赞秘鲁球员的水平。接受媒体采访时，巴西队主教练说，对阵东道主，他相信秘鲁队会有令人尊重的表现。但克劳迪奥·库蒂尼奥的话一点都没有起作用。6月21日下午，巴西队尽了自己的最大努力，3比1击败波兰队。巴西队与波兰队的比赛在当天下午举行，而阿根廷队则受益于赛程安排，它与秘鲁队的比赛在当天晚上举行。与秘鲁队的比赛开始前，阿根廷人已经知道他们需要进多少球就可以淘汰巴西队。巴西队3比0击败秘鲁队、3比1击败波兰队，净胜球有5个。此前阿根廷队2比0赢下波兰队，因此对秘鲁队他们只需进4个球就可以晋级决赛。阿根廷队进得更多，它一下子进了6个，其净胜数达到8个，超出巴西队3个。

贾伊罗·多斯桑托斯做出惊人爆料时，克劳迪奥·库蒂尼奥、卡瓦雷罗和迪乔尔吉奥都已经过世。安德烈·里彻尔尚健在，现在担任巴西奥委会副主席。巴西媒体要求就此事采访他，可他却拒绝接受采访。当年巴西人是不是考虑行贿秘鲁人，爆料的贾伊罗·多斯桑托斯就成了孤证。贾伊罗·多斯桑托斯随巴西队参加了8届世界杯，他本身就是历史的一个部分。他还写了一本克劳迪奥·库蒂尼奥传记，传记中也谈了这件事。

克劳迪奥·库蒂尼奥传记酝酿和准备了多年，一直没有经费出版。只是在克劳迪奥·库蒂尼奥的女儿克劳迪娅争取到了赞助费之后，这本传记的出版才又重新提上日程。尽管在一份报告中指出阿根廷队和秘鲁队一战有多达12处蹊跷之处，但贾伊尔·多斯桑托斯也说，就秘鲁人是否确实出卖了自己的灵魂还存有疑问。这件事成了1978年阿根廷世界杯留下的不解之谜，也许真相永远不会大白于天下。

十二、萨利亚惨案——1982年西班牙世界杯

"艺术大师"特里·桑塔纳

1982年西班牙世界杯是第一届有24支球队参赛的世界杯，之前的11届世界杯，参赛球队都不超过16支。西班牙世界杯，巴西队又一次是夺冠大热门，而它被人看好也有充足的理由。济科、苏格拉底、法尔考、塞雷佐……由"艺术大师"特里·桑塔纳执教的巴西队群星璀璨，踢着漂亮的"艺术足

球"——被对巴西人心悦诚服的英格兰人称作Beautiful Game（美丽运动）的"艺术足球"。不仅是巴西队自己，就连很多其他队都认为，1982年西班牙世界杯冠军，也许非特里·桑塔纳的巴西队莫属。

特里·桑塔纳是一位真正的大师，他对完美孜孜以求。也正是在他的调教之下，巴西队才打出赏心悦目的漂亮足球。巴西队的所有这一切成就，都与特里·桑塔纳有关。绝对的完美只是乌托邦，人称"艺术大师"的特里·桑塔纳却是足坛的一个完美主义者。特里·桑塔纳有一句名言："达至完美是不可能的。但日益接近它，则并非不可能。"特里·桑塔纳的巴西队接近完美。在去西班牙打世界杯之前，巴西队打了32场热身赛，取得了24胜6平2负的骄人战绩，总共打进84球，仅失20球。特里·桑塔纳的巴西队进攻火力超强，32场比赛，仅客场圣地亚哥对智利交了白卷。不仅进攻力强大，特里·桑塔纳的巴西队也显示出很强的防守能力。世界杯前的备战赛，巴西队曾创下连续14场不失球的纪录。20世纪80年代执教巴西队，特里·桑塔纳调教出的巴西队踢的是"漂亮足球"。但要以为所有这美丽的一切都是凭空得来的就错了，它是通过刻苦的训练得到的。

做球员时，特里·桑塔纳就以勤奋著称。"艺术大师"1931年7月26日出生于米纳斯吉拉斯州内地小城伊塔毕里托。踢球时，特里·桑塔纳并没有令人艳羡的身体条件。他个子不高，只有1.76米，而且身材瘦削，体重只有57千克。1950年，19岁的特里·桑塔纳到里约豪门弗卢米嫩塞的青年队试训。在对邦苏塞索（Bomsucesso）的比赛中，特里·桑塔纳一人独进5球。特里·桑塔纳的出色表现赢得了弗卢米嫩塞足球主管布雷吉尼奥（Preguinho）的赏识，他没有丝毫犹豫，就签下了特里·桑塔纳。布雷吉尼奥也是巴西足球史上的一个人物，1930年乌拉圭世界杯，巴西队第一次参赛，布雷吉尼奥为巴西队打进世界杯第一球。1951年，特里·桑塔纳升入弗卢米嫩塞一队。1951—1960年，特里·桑塔纳为弗卢米嫩塞出战557场，打进165球。他是弗卢米嫩塞历史上出战次数第三多的球员，在该俱乐部射手榜上排名第四，为球队夺得过多项冠军。

勤能补拙，智慧能补拙，特里·桑塔纳用勤奋和智慧来弥补身体条件的先天不足。在场上，特里·桑塔纳的位置是右边锋，他不仅回撤防守，而且几乎是满场飞。由于瘦削的身材，在弗卢米嫩塞，特里·桑塔纳一度得名"细线头儿"和"人猿泰山"。但靠他的聪明、灵活、速度和战术素养，更是因为其良好的体力和耐力以及永不放弃的精神，特里·桑塔纳每每在比赛关键时刻，尤其是在比赛末段进球。弗卢米嫩塞一位名叫贝尼西奥·费雷拉（Benício Ferreira）的高层认为，以特里·桑塔纳在场上的成就，他配得上更尊荣一点的绰号。他把自己的想法跟自己的朋友、《体育报》总编马里奥·菲利奥（Mário Filho）讲了。

马里奥·菲利奥在《体育报》上搞了一个活动，请球迷参与为特里·桑塔纳起外号，优胜者能得到5 000克鲁塞罗的奖金。球迷们，尤其是弗卢米嫩塞的球迷非常踊跃地参加，《体育报》编辑共收到4 000多条建议。"全能"、"大本钟"和"希望之线"最终入围，后者最受弗卢米嫩塞球迷喜爱。于是，特里·桑塔纳得名"希望之线"，其意思是只要跑不死的特里·桑塔纳在场上，球队就总有取胜的一线希望。

1963年，特里·桑塔纳退役。1969—1980年，特里·桑塔纳先后执教过弗卢米嫩塞、米涅罗竞技、圣保罗、博塔福戈、格雷米奥和帕尔梅拉斯等巴西国内知名球队。1980年2月12日，特里·桑塔纳被任命为巴西队主教练。作为巴西队主教练，特里·桑塔纳给巴西队注入了一种新的风格。巴西球踢得漂亮，吸引人的眼球，踢着当时公认最好的足球。在巴西队中，特里·桑塔纳重用济科、苏格拉底、法尔考等技术派球员。当然了，巴西队之所以踢得出漂亮足球，球星们的技艺超群是基础，特里·桑塔纳的足球理念是指导，而不厌其烦的重复演练是保障。

率领巴西队连续参加两届世界杯，两届世界杯都没能取得成功，在很长一段时间，"倒霉蛋"的名声一直陪伴着特里·桑塔纳。尽管如此，20世纪90年代在巴西著名足球杂志《记分牌》杂志举行的一次评选中，特里·桑塔纳还是被记者、球员和前球员评选为巴西队历史上最伟大的主教练。2006年4月21日特里·桑塔纳逝世，怀念起当年恩师的一点一滴，前巴西队边后卫儒尼奥尔说："特里非常重视基本功。就像每天刷牙一样，我们每天都练习头球、传球、射门。他让巴西队打很多场队内对抗赛，因此他还受到过批评，甚至球员也不理解他。但正是在队内训练赛才能发现问题，才能提高，我们得尊重和接受它。在一段时间之后，所有人都开始尊重和接受主教练了。"

苏格拉底戒烟未果

不过，尽管踢得漂亮，攻守平衡，但特里·桑塔纳的巴西队也不是完美无瑕的。在不少巴西人看来，特里·桑塔纳执教的巴西队正是缺少一个特里·桑塔纳。不错，特里·桑塔纳是站在场边，是坐在教练席。但所谓的缺少一个特里·桑塔纳，是说巴西队缺少一个像样的右边锋。就算巴西足球再未诞生过一位像加林查那样天赋异禀的右边锋，也至少该有一个像球员时代的特里·桑塔纳那样勤勤恳恳的右边锋。巴西著名的幽默节目主持人若·苏亚雷斯就曾向特里·桑塔纳进言："派上个右边锋，特里！"特里·桑塔纳又何尝不想派上一位出色的右边锋，可是环视巴西足坛，他实在找不到一个合格的人选。有时候，在巴西队的比赛中，他派济科踢右路，可济科擅长的是中路，因此济科对主教练的做法很有抵触。没办法，特里·桑塔纳只得让济科重归中路。

缺乏一位有实力的右边锋，巴西队右路成了软肋，特里·桑塔纳的巴西队两届世界杯被淘汰，都跟其右路攻不强守亦不强有关。20多年后，谈及当年的右边锋问题，特里·桑塔纳也显得有些遗憾。他说："外界的批评让我有点气恼。巴西队尝试占据右路的空间，如果我手头有一位出色的右边锋，有一位像加林查那样的右边锋，我肯定会派他上场。在我的巴西队，上场的肯定是最好的球员。"特里·桑塔纳没明说，他说的是他手头上确实没有合适的右边锋。如果真是矬子里拔将军的话，派上的球员没那个实力，派上去了反倒会拖累巴西队。

西班牙世界杯上，巴西队球员们心气儿也很高。苏格拉底成了巴西队队长，一方面他在队员中间确实有威信，另一方面主教练特里·桑塔纳也想激励他。世界杯前的备战期，苏格拉底训练得非常刻苦，身体上准备得非常充分。他和其他队友一样，憋足劲儿要踢好世界杯。苏格拉底抽烟喝酒，但为了赢得世界杯，他想戒掉这些坏习惯。世界杯开始前，苏格拉底说："将要开始的是世界杯，我想赢得世界杯。我会放弃我所有的享受，以便全身心投入到这件事上。"

队友济科跟他开玩笑道："你不需要等到世界杯才做（戒烟戒酒）这些事，（世界杯后）我们有充裕的时间可以做一切事情。"30年后，回忆当年的情景，济科还为因酗酒过度而英年早逝的苏格拉底感到惋惜。"博士"去世于2011年12月初，享年57岁。如果那次西班牙世界杯夺冠，苏格拉底真戒掉了烟酒，苏格拉底余下的人生可能会完全改变。别人也许不相信，可队友济科相信。他说："我觉得，如果我们真赢了那届世界杯，他确实可以改变。"

苏格拉底是巴西足球史上最有性格、最富传奇色彩的巨星之一。苏格拉底1954年出生，全名巴西苏格拉底·桑帕约·德·索萨·维埃拉·德·奥利维拉（Sócrates Brasileiro Sampaio de Souza Vieira de Oliveira）。苏格拉底的父亲是位联邦政府公务员，酷爱读书。苏格拉底出生前，父亲正在看古希腊著名哲学家柏拉图的《理想国》，《理想国》以古希腊哲学家苏格拉底为主角用对话体写成，苏格拉底是柏拉图的老师。儿子出生，父亲就以希腊先贤苏格拉底的名字给他起名，不过在苏格拉底这个名字的后面加上了一个形容词"巴西的"（Brasileiro）以示区别。

小时候，苏格拉底就喜欢踢球，16岁进入圣保罗内地小城里贝朗布雷托的博塔福戈俱乐部梯队踢球。父亲不想让儿子走职业足球之路，而想让他上大学。可足球的吸引力那么大，苏格拉底有时翘课去踢球。父亲见儿子不会放弃足球，就与他达成协议：踢球可以，但要把大学念完。苏格拉底踢得好，1973年成为职业球员，他学业也没耽误，1977年于圣保罗大学里贝朗布雷托医学院毕业。20世纪80年代在科林蒂安踢球时，苏格拉底还以积极参与"科林蒂安民主"和推动巴西全国直选而著称。苏格拉底有五个弟弟，最小的弟弟拉易也是巴西足坛著名球星之一。兄弟二人都入选巴西队，都打过世界杯，而且还都是国家队队长，这在巴西乃至世界足球史上都不多见。兄弟二人三次参加世界杯，苏格拉底两度铩羽而归，拉易则于1994年夺冠。

退役之后，苏格拉底行过医，也执教过几支不出名的球队。在国内，国人喜欢称呼苏格拉底为"苏格拉底博士"，其实是称呼错了。在葡语里doctor的正式意思是"博士"，但在口头语，它用来称呼医生。因此是"苏格拉底医生"，而非"苏格拉底博士"，用doctor称呼医生，只是为了表示尊重。苏格拉底是位多才多艺的人。他写过剧本、谱过曲、唱过歌、出过书、演过电影和电视剧，此外还是与前辈巨星托斯唐齐名的足球专栏作家。苏格拉底是个性情中人，与古巴前领导人卡斯特罗和委内瑞拉前领导人查韦斯交厚，一度卡斯特罗还邀请他出任古巴国家队主教练。2011年12月4日，因常年抽烟、酗酒导致肝硬化，苏格拉底英年早逝。同天晚些时候，苏格拉底效力过的科林蒂安巴甲夺冠，也算是送给前辈巨星的迟来的慰藉。

克星罗西

　　特里·桑塔纳的巴西队在西班牙世界杯上的势头有点像1970年墨西哥世界杯上的贝利巴西队。小组首战对苏联队，巴西队2比1逆转取胜，苏格拉底和埃德尔进球。第二战对英格兰队，桑巴军团4比1大胜，济科、奥斯卡、埃德尔和法尔考建功。第三战对新西兰队，巴西队4比0完胜，济科梅开二度，法尔考和塞尔吉尼奥破门。第二阶段，12支晋级球队分成4个小组，巴西队与阿根廷队和意大利队分在一组。三个世界杯冠军，一个半决赛出线名额。尽管这个组不好打，但没人认为巴西队过不了关。就连意大利队球员布鲁诺·孔蒂也这样认为，他和法尔考在罗马是队友。据法尔考回忆说："没人相信巴西队晋不了级，就连布鲁诺·孔蒂也这样认为，在罗马他是我兄弟。意大利队2比1赢了（阿根廷），我打电话祝贺他。我们谈到了我们什么时候能回罗马报到。他说：'按常理分析，我会早回去报到。'他那样认为，所有人都那样认为。"

　　得知第二阶段分组结果时，意大利队主教练恩佐·贝阿尔佐特曾说，意大利队要面对的是未来的冠军。他的意思是巴西队和阿根廷队都具备夺冠的实力。不过，那届世界杯上，未来的"新球王"马拉多纳只是崭露头角，他还对巴西队和意大利队构不成威胁。意大利队2比1赢了阿根廷队，巴西队则3比1赢了南美宿敌。巴西队和意大利队的最后一战事关生死，谁赢了就杀入半决赛。净胜球有一球优势，巴西队最后一战只要打平就能晋级半决赛。可占据优势的巴西人没有想到的是，他们的漂亮足球会在一位意大利前锋的脚下轰然倒地。

　　在一届世界杯上，从没有哪位球员起过1982年西班牙世界杯上的意大利前锋保罗·罗西起过的那种决定性作用。西班牙世界杯之前，谁也没有想过保罗·罗西会有一届那样精彩而出色的世界杯。西班牙世界杯6月13日拉开帷幕，而同年4月份他刚刚重返绿茵。因为参与操纵比赛结果，保罗·罗西曾被禁赛两年。可在西班牙世界杯上，保罗·罗西却成了巴西队的终结者，成了扼杀"艺术足球"的刽子手。

生死之战，保罗·罗西第5分钟首开纪录，7分钟后苏格拉底扳平比分。第25分钟，保罗·罗西把比分改写成2比1。下半场第23分钟，塞雷佐妙传，法尔考扳平比分。禁区弧顶远射破门，法尔考用的是他不太擅长的左脚。但由于角度太刁，意大利门神佐夫鞭长莫及。法尔考回忆说："我左脚射门一般，没有太大力量。那个进球让我们如释重负，我当时想，'最差我们也能保住2比2。那是个如释重负的进球，我们有可能杀进半决赛。'"可下半场第30分钟，罗西上演"帽子戏法"。法尔考说："失球后我们又攻了上去，我们有破门机会。奥斯卡和苏格拉底都有头球攻门，但佐夫创造了奇迹。"巴西队出局，"艺术足球"一代第一次世界杯经历被保罗·罗西终结。巴西队5战4胜1负，进15球失5球，其中3球是保罗·罗西打进。对意大利队2比3告负，那也是世界杯上巴西队第一次单场比赛就失了3球。

与世界杯提前说再见，巴西队球员们也痛不欲生，许多人赛后哭了。第二天一觉醒来，巴西队球员仍沮丧万分。法尔考回忆说："我们没有一点概念，就像我们没有睡就又醒来了。我们一动不动，疲惫万分。很明显，我们被击垮了。过了好久，我们才开始动弹，收拾行李。很奇怪的事情是，那是我第一次看到媒体也跟着我们一起难过。巴西队踢的是漂亮足球，踢得很好看，所有人都喜欢，连媒体也不再批评我们。输给意大利队，无异于我们脑袋上中了一枪。"

1982年7月5日，在巴塞罗那的萨利亚（Sarriá）球场，巴西队输掉了比赛。巴西足球史上有三大惨案，也可以叫悲剧。第一大惨案就是1950年本土世界杯在马拉卡纳输掉决赛，第二大惨案就是本次巴塞罗那的失利，也叫萨利亚惨案。在1998年法国世界杯中，巴西队在决赛中0比3惨败于法国，但在'惨案榜'上只排在第三位。原因何在？因为济科那代球员踢得实在太好，实在太过华丽，巴西国内甚至有人说1982年一代好过1970年贝利一代，即使不好过那代的话，也比贝利一代差不了太多。如此完美的巴西队输掉比赛，没能拿到冠军，这对巴西人的心理打击非常巨大。

为什么输了？

1982年已经过去了好久，济科一代被问到最多的问题仍是为什么1982年巴西队输了。30年后，2012年12月，法尔考出了一本书，书名为《1982：输掉世界杯却赢得世界的巴西队》。

在书中，法尔考对"艺术一代"失利的解释也只是一家之言，难免有些偏颇。接受2014年巴西世界杯官网采访，法尔考总结道："那是一届给世人留下深刻印象的巴西队。对我们那一代人来说，这一点就是个胜利。我们的世界杯冠军奖杯，是世人对我们的承认。"

1982年一代有它失利的原因，巴西最大体育报纸《兰斯报》出版的历届世界杯年鉴对"艺术足球"失利的解释是"技术输给了力量"。1982年巴西队太过拘泥于技术、脚法和配合，身体和力量上不如欧洲对手，攻强守弱，尤其是右路的防守正是巴西队的一个软肋。当遇到以"混凝土防守"著称的意大利式防守时，崇尚华丽进攻的巴西队一筹莫展，最终只有败下阵来。1982年世界杯巴西队的失利，证明单有技术是不够的，一支能够夺冠的球队必须全面。

以夺冠大热门身份而来，以悲惨被淘汰告终，但特里·桑塔纳的巴西队还是给世界足球留下了一笔丰厚的遗产。济科一代以一脚触球和整体配合流畅见长，攻势如潮水般一波接一波。1982年"艺术足球"一代的足球风格是21世纪巴塞罗那"宇宙流"的鼻祖。2011年世俱杯决赛，巴塞罗那4比0击败桑托斯。来自足球王国，贵为南美解放者杯冠军，有内马尔那样的新星，球王贝利曾效力过的球队却被巴萨羞辱，那让不少巴西人对欧洲足球顶礼膜拜，对巴西足球失去了信心。赛后，巴萨主教练瓜迪奥拉对巴西记者们说："我不知道你们为什么对巴塞罗那那么好奇，那么喜爱，我父亲当年可是经常谈论1982年的巴西队。"从瓜迪奥拉的这一句话，可以看出"艺术足球"一代在足球历史上的地位。

2012年，萨利亚惨案30周年，"艺术足球"一代代表人物、时任伊拉克国家队主教练济科通过越洋电话，在沙特接受了《圣保罗州报》的采访。济科不可避免地要谈1982年的那支巴西队，按他的说法，那一届巴西队并不如人们想象的那样完美。济科说："那是一支非常不错的球队，可问题是我们在世界杯上的阵容之前从没演练过。在技术和个人水平上，那届巴西队非常出色，但整体配合不尽人意。缺少平衡，那是一支跛足的球队。我和苏格拉底、法尔考以及塞雷佐只在对爱尔兰友谊赛上一起踢了15分钟。由于塞雷佐世界杯首战对苏格兰红牌停赛上不了场，特里·桑塔纳一直在演练没有他的首战阵容。"

济科还说，巴西队的右路是个软肋，那也导致了巴西队的最终失利。济科说："对苏格兰战前，特里·桑塔纳把我们叫到他的房间里，他说重要的是我们前场几个人要占据右路的空间。对苏格兰一战，上半场我们与对手1比1打平。在更衣室里我说：'如果再继续这样踢下去，那我要求下场。我不是右边锋，我停在右路，队友们也看不到我。如果没人去右路跟我换位，那最好派别的人踢我的位置。'下半场效果还不错，法尔考的进球更是出自那里。不管好还是坏，其他几场比赛，巴西队的进攻也出自那里。可问题是丢球后，并不是每个人都知道回位时他该回到哪里，训练中我们没练过。于是在右路有一个大漏洞，右后卫莱昂德罗负担太重，意大利人的第一个进球证明了这一点。意大利球员卡布里尼带球带了好长时间，但没有人上前阻拦他。他传中，保罗·罗西头球破门。"

十三、"艺术足球"悲情谢幕——1986年墨西哥世界杯

雷米特杯预警

巴西足球祸不单行。先是"萨利亚惨案",后贝利时代,又上演了三届世界杯,巴西队还没有捧过大力神杯,却把雷米特杯给弄丢了。这或许是个凶兆,预示着巴西队在1986年墨西哥杯上不会有好结局。

归巴西永久保存的雷米特杯保存在里约市中心海关大街70

号的巴西足协总部。1983年12月19日，两名窃贼轻而易举就将夜班看门人若昂·巴蒂斯塔·马亚（João Batista Maia）制服，把他双手捆了起来，嘴里塞了布团，眼睛用胶带蒙上。从马亚身上解下钥匙串，窃贼们就上了9楼。用钥匙打开陈列室的门，雷米特杯就放在展柜里。展柜是用防弹玻璃做的，很结实，但却是用钉子钉在墙上的。两人只需用撬杆一撬，问题就解决了，雷米特杯就到了两名窃贼的手里。就此收手还心有不甘，他们又卷走另外三座奖杯。从开始到结束，整个偷窃行动持续了不到20分钟。两名窃贼与主谋和策划者接头，三人把雷米特杯送到了一家金店。那时金价正贵，由于罪犯的贪欲，雷米特杯被熔化，永远从这世界上消失了。

三名窃贼1984年1月25日落网，帮助销赃的金店店主也于1984年2月被捕。四人只在狱中呆了几个月时间，就被取保候审。1988年，最终审判做出，盗窃案主谋被判五年徒刑，另两人被判刑六年，销赃的金店主是位阿根廷人，他只获刑三年。判决结果出来之后，四人就逃走了。1994年，巴西队时隔24年夺冠的那一年，其中一人被捕。但不管是被捕者，还是逍遥法外者，最终下场都不好，死得都很惨，这也可以被看作是雷米特的诅咒。

雷米特杯被偷，对于巴西足坛来说是个奇耻大辱，在巴西国内外引起轩然大波。更何况巴西队刚刚在1982年西班牙世界杯上失利，两件事合在一起，给足球王国形象造成的伤害更不可估量。巴西足协高层也觉得没面子，为了挽回一些影响，也为了拯救巴西足球的名誉，在美国智威汤逊公司（J.W.Thompson）公司的帮助下，他们找到了铸造雷米特杯时用的模子。这些模具是1954年由德国人鲁道夫·谢弗（Rudolf Schaeffer）做的，用完之后就存放在德国小城哈瑙。

用了两个月时间，雷米特杯才复制出来，另外三件奖杯也由一位巴西工匠在巴西国内复制。1984年6月10日，巴西队与英格兰队友谊赛前，一冠队长贝利尼、二冠队长毛罗和三冠队长卡洛斯·阿尔贝托将复制的雷米特杯正式交给时任巴西足协主席久利特·库蒂尼奥（Giulite Coutinho）。世界杯三冠象征的雷米特杯失而复得，尽管拿到的是复制件，原件早已熔化于熊熊的炉火中，但所有人还是非常激动。

1982年西班牙世界杯遭淘汰之后，特里·桑塔纳心灰意冷。他休息了差不多半年时间，1983年才重新出山。由于西班牙世界杯的惨败，特里·桑塔纳在巴西国内受到口诛笔伐，再在国内执教已经没有气氛，他选择离开祖国。沙特阿赫利足球俱乐部看中了特里·桑塔纳，他们用天价年薪诱惑了"艺术大师"。按特里·桑塔纳本人的想法，1982年西班牙世界杯成为败军之将之后，巴西队的大门已经彻底向他关闭。特里·桑塔纳是米纳斯吉拉斯州人，也就是俗称的"米涅罗"。米涅罗有个最大的特点是话少但做事实际。既然在巴西国内待不下去，还不如到富得流油的中东淘金。于是，沙特人伸出橄榄枝，特里·桑塔纳没有拒绝。

特里·桑塔纳被解雇之后，巴西足协在巴西队主教练位置上试用了多人，但谁也没有特里·桑塔纳强。西班牙兵败之初，巴西人猛批特里·桑塔纳，但冷静下来之后，大多数人觉得没有谁比特里·桑塔纳更有能力、更适合执教巴西国家队。1984年11月，巴西足协邀请特里·桑塔纳重回巴西队，可是沙特阿赫利不放人。第二年年初回巴西度假，特里·桑塔纳就再没回沙特。1985年5月23日，特里·桑塔纳取代埃瓦利斯托·德·马塞多（Evaristo de Macedo），重新入主巴西队。最初说的是特里·桑塔纳只率领巴西队打1986年墨西哥世界杯预选赛，打完后他还回沙特执教阿赫利。可特里·桑塔纳经不住巴西足协的一再挽留，同年12月，他单方面跟阿赫利解约。1986年1月17日，巴西足协副主席纳比·阿比·切迪德（Nabi Abi Chedid）正式宣布，特里·桑塔纳将率领巴西队征战墨西哥世界杯。

在特里·桑塔纳之前，率巴西队征战两届世界杯的主教练已有两位。1958年瑞典世界杯，文森特·费奥拉率领巴西队夺得第一冠。1966年英格兰世界杯他再度出山，巴西队却蒙受奇耻大辱，小组赛没出线就提前打道回府。1970年墨西哥世界杯，扎加洛率巴西队第三次夺冠，桑巴王国永久保留雷米特杯。可4年后的德国世界杯，扎加洛的巴西队只拿到季军。巴西历史上，率队打了一届世界杯没成功之后，4年后能够马上就再度获得率队征战世界杯的机会，特里·桑塔纳是第一位。尽管1982年失利的记忆仍在，但特里·桑塔纳的巴西队的打法令人难忘。巴西国内舆论认为，再给"艺术大师"一次机会，他肯定能为巴西带回大力神杯。对于"艺术大师"，巴西国内达到顶礼膜拜的程度。

罪人济科

再度入主巴西队，特里·桑塔纳需要做出改变。上届世界杯的一些老将被留用，特里·桑塔纳又为巴西队注入了一些新鲜血液。上一次执教巴西队时，外界指责特里·桑塔纳对球员们要求不严格，巴西队纪律涣散。重返巴西队，特里·桑塔纳一改往日温和作风，严抓纪律。1986年墨西哥世界杯前，前锋雷纳托·高乔（Renato Gaúcho）因晚归被开除巴西队，而巴西队边后卫莱昂德罗（Leandro）与好友共进退，请求不随巴西队征战世界杯。巴西队右路不强，因此尽管莱昂德罗1985年曾经历数次膝伤，特里·桑塔纳还是征召他打世界杯。莱昂德罗的退出，对巴西队是个巨大损失。

特里·桑塔纳最为倚重的是济科，可他因为膝伤险些没能去墨西哥世界杯。1985年8月29日，里约州联赛弗拉门戈对班固，对方右后卫马尔西奥·努内斯凶狠地铲到了济科的双膝。济科被担架抬出场，他左右双膝都扭曲变形，左脚踝也扭伤，右腿腓骨头挫伤，右大腿肌肉深度划伤。马尔西奥·努内斯不是故意要铲伤济科，但其动作造成的后果已难以挽回，因此他的行为与犯罪无异。受伤之后，济科做了三次手术，第三次是去美国做的。数月不能踢球已经使济科痛苦，最要命的是墨西哥世界杯日益临近。济科实际上是在与时间赛跑，好在世界杯前他康复了。其实也没全好，特里·桑塔纳带他去墨西哥，也算是对他顽强和不放弃的奖赏。

墨西哥世界杯小组三战，济科坐在替补席，巴西队以相同的1比0击败西班牙队和阿尔及利亚队，末战3比0大胜北爱尔兰队。1/8决赛对波兰队，济科第69分钟顶替苏格拉底上场。济科上场时，巴西队已经2比0领先。10分钟后，巴西队将比分扩大为3比0。第83分钟，济科在波兰禁区内被绊倒，整个巴西都希望由他来主罚点球，但去罚点球的却是卡雷卡，巴西队4比0取胜。已然3比0领先，第4个球无关紧要，如果主教练特里·桑塔纳让济科主罚，进球的话他可以适应大赛气氛并增强信心，对法国队射失点球的一幕是不是就不会发生？历史不能假设，但"艺术大师"在这个细节上确实可能犯了个错。

1/4决赛对法国，两队势均力敌，场面上也平分秋色，但巴西队创造了更多进球机会。第18分钟，卡雷卡打破僵局。他的个人进球数升到5粒，在那届世界杯射手榜上排名第二。上半场第41分钟，普拉蒂尼扳平比分。那是巴西队在1986年墨西哥世界杯上失的第一球，此前他们打进10球，未失1球。下半场，巴西队显得势在必得。第71分钟，济科顶替穆勒出场。两分钟后，左边卫布兰科在法国禁区内被绊倒，当值主裁判判给巴西队一个点球。

队长苏格拉底是主帅特里·桑塔纳指定的第一点球手，可他心里有点没底儿，主动让济科去罚。关键时刻，苏格拉底缺乏担当。济科腿伤还没好利索，他刚刚上场还没活动开，身体还比较冷，有可能出现失误。果不其然，济科射出的皮球被法国门将巴茨扑出。失利30年后，2012年接受采访，济科说："我本应该听从我脑子里闪现的念头，它两次让我别去主罚点球。但就是那样，你身处其间，而踢世界杯是每个球员的梦想。"

常规赛90分钟两队1比1打平，加时赛也各无建树，比赛被残酷地拖进了点球大战。第一轮，巴茨扑出苏格拉底的射门，斯托皮拉中的，法国1比0领先。之后两轮，巴西和法国都没有失误。阿莱芒扳平比分，曼努埃尔·阿莫罗斯（Manuel Amoros）令法国人再度领先。济科也射进点球，布鲁诺·贝洛内（Bruno Bellone）也打进，比分变成3比2。关键的第四轮，布兰科中的，普拉蒂尼却射失，比分变成3比3。第五轮，儒利奥·塞萨尔将皮球打在横梁上，费尔南德斯却将球打进，法国人4比3取胜。虽然不如1982年西班牙世界杯时踢得那样惊艳，1986年墨西哥世界杯的巴西队也非常出色。进10球仅失1球，墨西哥世界杯上巴西队保持不败，只是点球大战才输给法国。再一次难逃被淘汰出局的命运，特里·桑塔纳的巴西队赢得所有人同情。

没拿世界杯是世界杯的错

特里·桑塔纳和他的巴西队也确实坏运气缠身。布鲁诺·贝洛内罚出的皮球打在巴西队门将卡洛斯后背上，然后才弹进了网窝。按理说，这个点球不是直接打进的，应该不算进。但当值的罗马尼亚主裁判伊奥安·伊格纳（Ioan Igna）不知道是没看到，还是对规则不理解，抑或是故意偏袒法国人。他反正算那个球进了，尽管那是个明显的误判。几天后，国际足联发布正式公告，承认罗马尼亚主裁判确实是判错了，但比赛结果已不能更改，对巴西队的伤害已经实实在在地造成了。

输掉比赛，济科哭了。赛后他甚至绝望地说他这一代不是为成为世界杯冠军而生，巴西队被淘汰是"上帝的意愿"。连续两次成绩不佳，不仅球员们痛苦异常，就连主教练特里·桑塔纳也非常绝望。墨西哥世界杯后，他一度宣布他将退休，彻底告别足球，因为他已经失去了动力和激情。足球上不能讲迷信，特里·桑塔纳的巴西队输球，肯定有主客观的因素。不过，特里·桑塔纳和济科这代球员确实没有世界杯夺冠的命。1998年法国世界杯，老帅扎加洛率领的巴西队决赛中0比3不敌法国队。在那届巴西队中，济科也是教练组成员，是技术监督。失利了，并不意味着没能力。特里·桑塔纳执教能力超群，两届世界杯失败或许只是时势不利，天意使然。

1990年代执教圣保罗，特里·桑塔纳取得巨大成功，他终于为自己正了名。"艺术大师"麾下的圣保罗，不仅球踢得漂亮，成绩也骄人，于1992年和1993年蝉联解放者杯和丰田杯冠军。执教圣保罗，特里·桑塔纳为人称道的另一点是他善于发现人才，发现了千里马之后，他还能让这匹千里马发挥出其全部才能。一个例子是对卡福的培养和改造。特里·桑塔纳到来之时卡福打的是中场，大师觉得他打右后卫会更出彩，于是让他改打右后卫，而这正是日后卡福得以成名的位置。卡福开始时不愿意，在前面打多风光，还有进球的机会。打右后卫费力不讨好，既要专注防守，又要上前助攻，是场上最累的一个位置。另一个问题是，卡福打惯了前面，他不习惯打边后卫。边后卫的一个基本功是传中，可卡福的传中能力稀松平常。

卡福传中不好，特里·桑塔纳有办法。多年后，卡福回忆道："球队训练开始前和结束后各半个小时，他拉着我练习传中。我当时不喜欢踢边后卫位置，可他跟我说，提高了传中准头之后，我会成为那个位置上最好的球员。今天我所取得的所有成就，都要感谢特里·桑塔纳。"出于命运的捉弄，率领巴西队，特里·桑塔纳没能拿过世界杯冠军。上帝似乎想补偿"艺术大师"。在1994年美国世界杯冠军巴西队中，有五名球员来自圣保罗，其中包括门将泽蒂、右后卫卡福、中后卫罗纳尔多、中场拉易和前锋穆勒，他们都出自"艺术大师"门下。

2006年4月21日，特里·桑塔纳因病去世，享年74岁。2010年6月，接受巴西媒体采访，济科还谈到了1982年和1986年的巴西队，谈到了特里·桑塔纳。济科说，尽管从没赢得过世界杯，但1982年巴西队是漂亮足球的标杆。不过，济科也表示了遗憾，他觉得他当年对不起"艺术大师"。济科说："如果我们打一次决赛，那就再好不过了。不能送给特里·桑塔纳一个冠军，我感到非常遗憾，他配得上一个世界杯冠军。我有两次机会，但两次都没成功。我现在所能做的是向他道歉。"

确实，连续两次冲击世界杯冠军未果，命运对"艺术大师"特里·桑塔纳和才华横溢的济科一代太过残酷，太过不公平。对于两次冲击世界杯冠军未果的"白贝利"济科，巴西人仍喜爱得无以复加。巴西人甚至为济科解心宽说："济科没拿世界杯冠军，那不是济科的错，而是世界杯的错，它失去了让一位那样流光溢彩的巨星捧起它的机会。"连续两届世界杯失利，巴西"艺术足球"也走到了尽头。"艺术足球"虽漂亮，但它光开花不结果。自1986年墨西哥世界杯后，在巴西足坛，"艺术足球"开始让位于更注重胜负的"结果足球"。

十四、"邓加时代"——
1990年意大利世界杯

"独狼" 提前报废

　　1990年意大利世界杯是第一届海外球员超过本土球员的世界杯。在巴西22人中，共有12名球员在国外，主要是在欧洲踢球，另有10人效力巴西国内俱乐部。意大利世界杯上，巴西队主教练是塞巴斯蒂昂·拉扎罗尼（Sebastião Lazaroni）。除了1989—1990年执教巴西队的经历，1999年拉扎罗尼还执教过中国甲A球队上海申花，因此他为不少中国球迷所熟知。1998年，"艺术大师"特里·桑塔纳的关门弟子墨里西曾执教上海申花，并率队夺得那年的中国足协杯，在上海申花口碑不错。拉扎罗尼和特里·桑塔纳也有师生之谊，墨里西请辞，临走之前应该是他向上海申花推荐了拉扎罗尼。作为曾经的巴西队主教练，拉扎罗尼可以说是上海申花史上最大牌的主教练。不过，执教上海申花，拉扎罗尼成绩却一般，只拿了1999年中国超霸杯冠军。

总体来讲，1990年意大利世界杯就是一届平庸的世界杯。所有的球队都没有技战术的创新，足球没有发生革命性的变化，比赛打得单调沉闷。1990年世界杯也是史上进球率最低的世界杯，只有141个，场均进球2.21个。放弃"艺术足球"，仍处于过渡阶段，还没有找到漂亮足球和实效足球间完美的契合点，拉扎罗尼统率的巴西队表现同样糟糕。巴西队1/8决赛被南美死敌阿根廷淘汰，巴西媒体甚至以"最差巴西最应得的结局"为题来加以报道。不算最早的两届世界杯，自1966年英格兰世界杯以来，1990年意大利世界杯上的巴西队是表现最差的一届巴西队。

执教巴西队，拉扎罗尼取得过成绩。1989年美洲杯，拉扎罗尼率巴西队夺冠。巴西队上一次美洲杯夺冠，还是1949年，巴西人苦等了40年才再度南美封王。此外，1989年美洲杯也是1970年世界杯后巴西队拿到的第一个重大国际赛事冠军。长达19年无冠之后，再一次捧起冠军奖杯，这对于处于低潮中的巴西队有振奋作用。在那届美洲杯上，贝贝托打进6球成为赛事最佳射手，他锋线上的搭档、23岁的罗马里奥打进3球。那届美洲杯，巴西队是进球最多的球队，总共打进11球，而罗马里奥和贝贝托的锋线组合就包办了其中的9粒进球。

意大利世界杯南美区预选赛，巴西队也轻松过关。那届世界杯还未采用10支南美球队双循环厮杀的赛制，巴西队与委内瑞拉队和智利队分在一组。巴西队客场4比0大胜委内瑞拉队，拉扎罗尼在锋线上试用了罗马里奥与卡雷卡的锋线组合。次战客场1比1战平智利队，拉扎罗尼又恢复了贝贝托与罗马里奥的美洲杯夺冠组合。主场6比0大胜委内瑞拉队和主场1比0小胜智利队，由于罗马里奥受伤，拉扎罗尼使用了卡雷卡和贝贝托的组合。距离1990年意大利世界杯开幕仅有三个月时，效力埃因霍温的罗马里奥在荷甲比赛中受伤，做了一个大手术。尽管罗马里奥还没有完全恢复，但意大利世界杯，拉扎罗尼还是征召了他。

意大利世界杯上，巴西队注定不会成功。世界杯前，巴西队球员因奖金分配问题与巴西足协高层闹得不可开交。外界因素也来添乱。巴西队本来把大本营安在米兰，但最后一刻不得不改到都灵。世界杯上第一次，也是最后一次，巴西队球员的家人们可以自由出入巴西队下榻的酒店。巴西队的酒店成了球员家人们、朋友们、经纪人和高层官员展示自己和牟取私利的舞台。而与此同时，由于对拉扎罗尼的巴西队一直猛烈批评，巴西的体育记者不被允许进入巴西队下榻的酒店。

罗马里奥也与巴西队产生了矛盾。他把自己的私人理疗师尼尔顿·佩特罗尼（Nilton Petrone）带到了巴西队。这位理疗师不仅给"独狼"治疗，也给巴西其他球员治疗。巴西队有自己的队医，"独狼"这样做明显是对巴西队医的不尊重。对于这件事，罗马里奥给出的解释是："我的理疗师尼尔顿·佩特罗尼在我房间里私下里给其他球员做治疗，是因为没有谁相信（巴西队队医）利迪奥·托莱多（Lídio Toledo）。"

对于尼尔顿·佩特罗尼和利迪奥·托莱多到底水平如何，没有深入的了解不能轻易下断言。但有两个事实可以说明一些问题。1998年法国世界杯决赛前，罗纳尔多在房间里突然晕厥。巴黎一家诊所没有诊断出任何问题，利迪奥·托莱多同意"外星人"在决赛中上场。在决赛上，罗纳尔多如同梦游，根本没有发挥出应有水平，巴西队0比3败于东道主法国队，收获世界杯上最大比分的失利。1999年罗纳尔多第一次严重膝伤，复出之后又老伤复发，在韩日世界杯前那段与时间赛跑的时光，正是接受罗马里奥的推荐，罗纳尔多聘请尼尔顿·佩特罗尼做了他的私人医生。尼尔顿·佩特罗尼的水平如何，2002年韩日世界杯上罗纳尔多的东山再起已经说明了问题。

庸人拉扎罗尼

　　拉扎罗尼1950年9月25日出生于米纳斯吉拉斯州小城穆里亚埃。论踢足球，拉扎罗尼不是一位有能力的球员，他场上的位置是门将，只在里约的圣克里斯托旺俱乐部打过一段时间。圣克里斯托旺是里约的一家小俱乐部，以发现和培养了罗纳尔多闻名于世。踢不出名堂，拉扎罗尼就放弃了职业足球，上大学读了体育系。有意思的一点是，上学时，拉扎罗尼做过弗拉维奥·科斯塔、特里·桑塔纳和克劳蒂奥·库蒂尼奥的学生，这三位名帅都执教过巴西队，都率领巴西队打过世界杯，但谁也没有夺过冠。从三位名帅那里，拉扎罗尼学到了先进的训练方法。拉扎罗尼最喜爱的球队是弗拉门戈，毕业之后他也干足球教练这行。扎加洛执教弗拉门戈期间，拉扎罗尼曾做过世界杯三冠名帅的助教。扎加洛辞职之后，拉扎罗尼曾短期担任过弗拉门戈代理教练。

　　1985年年底，拉扎罗尼终于等来机会，他在弗拉门戈被扶正。1987年年初，拉扎罗尼被解职。入主巴西队之前，拉扎罗尼执教过达伽马、格雷米奥和沙特阿赫利以及巴拉那。39岁就执掌巴西队教鞭，拉扎罗尼也算是年少有为、平步青云。但由于缺乏执教经验，执教能力也不强，没有过硬的成绩，人又太年轻，拉扎罗尼在巴西国家队难以服众，难以令巴西队大牌球星们心服口服。这也为1990年意大利世界杯巴西队兵败埋下了伏笔。

虽做过特里·桑塔纳的学生，但拉扎罗尼没学到"艺术大师"的执教精髓，反而逆漂亮足球而行。拉扎罗尼跟"艺术大师"唱反调，他曾说过："艺术是一种精致的东西，它可以时时刻刻使用。然而，只有艺术，赢得不了冠军。"这是一个标志性事件，也可以看作是拉扎罗尼的"反漂亮足球宣言"。按巴西媒体的说法，拉扎罗尼的这番话，标志着一个时代的开始，标志着巴西丑陋足球时代的开始，而这个时代巴西媒体习惯称作"邓加时代"。邓加是巴西队主力后腰，以防守好、踢得丑陋著称。巴西队开启"邓加时代"，就意味着巴西队告别"艺术足球"时代，开始向更注重结果的功利足球转变。接受巴西媒体采访，邓加也重复了拉扎罗尼的观点。他说："我喜欢看精致足球，但它带不来冠军。"

自1970年以后长达20年与世界杯冠军无缘，"艺术足球"撞上南墙之后，巴西足球亟须改变和突破。在长年无冠的压力下，巴西足球陷入了彷徨。彷徨之后是彻底的割裂——既然漂亮足球不能取得成功，那就干脆踢注重实际的功利足球吧！

拉扎罗尼或许也不是想彻底推翻"艺术足球"。据说，1990年世界杯前，拉扎罗尼做过济科的工作，想动员"白贝利"打他职业生涯第四届世界杯，可被37岁的济科一口回绝。1989年在弗拉门戈退役后，济科出任国家体育国务秘书。但"白贝利"不是从政的料，干了一年，济科就辞职了。之后受鹿岛鹿角邀请，到日本J联赛踢了三年时间。

在球场上，拉扎罗尼仿效欧洲的阵型，让毛罗·加尔旺踢自由人，把两名边后卫变成了两个边锋，巴西队改踢防守性的352阵型。这一阵型变化未成功。巴西队变得非常保守，只一味防守，而没有了进攻的力量。拉扎罗尼仍青睐罗马里奥和贝贝托的锋线组合，可罗马里奥手术后正在恢复，贝贝托状态也出现下滑，拉扎罗尼只能使用卡雷卡和穆勒组成的锋线组合。在意大利世界杯上，1989年美洲杯冠军锋线组合罗马里奥和贝贝托成了看客。当时穆勒效力都灵，卡雷卡效力那不勒斯，拉扎罗尼用他俩，可能也是更看中他们的意甲征战经验。小组次战对米卢蒂诺维奇执教的中美洲球队哥斯达黎加，贝贝托曾替补出场，而受伤病困扰的罗马里奥则只在小组末战对英格兰时首发。罗马里奥和贝贝托的罗贝组合大放异彩，还要等到4年后的

1994年美国世界杯。

1982年西班牙世界杯和1986年墨西哥世界杯，高举"艺术足球"大旗的巴西队止步第二阶段小组赛，但至少特里·桑塔纳的巴西队还踢出了漂亮足球。在意大利，巴西队2比1胜瑞典队、1比0胜哥斯达黎加队、1比0击败苏格兰队。拉扎罗尼在巴西队踢的是防守足球，进攻乏力，表现不令人信服。小组次战对喀麦隆队战前，一位巴西记者问拉扎罗尼，对喀麦隆队他为什么不派上三前锋。拉扎罗尼的回答颇失风度。拉扎罗尼说："如果你想派上三前锋的话，那你赶紧考教练证，然后来执教巴西队。"

不仅媒体口诛笔伐，替补前锋雷纳托·高乔（Renato Gaúcho）和中后卫阿尔代尔（Aldair）不满于替补地位，要求在巴西队中上位。阿尔代尔说："我是来打世界杯的，可得到的顶多是几句许诺。"被弃用的1989年美洲杯最佳射手贝贝托也公开表示了对拉扎罗尼的不满。贝贝托说："拉扎罗尼没有公平对我。"球队踢得不令人信服，在球员面前又不服众，40岁的少帅拉扎罗尼内交外困，被搞得焦头烂额。

邓加时代

即便这样，1/8决赛对阿根廷队，仍是巴西队那届世界杯打得最好的一场比赛。巴西队创造了多次破门机会，但至少有三次射门打在横梁上。在防守上，巴西队也做得不错，没给马拉多纳机会。受膝伤困扰，马拉多纳在场上泯然众人。可巴西队后防百密终有一疏，马拉多纳偶尔的灵光闪现就击垮了巴西队。第80分钟，巴西队中场拦截出现失误，马拉多纳中路突破，中圈里闪过阿莱芒（Alemão），前场躲过邓加的身后铲球，再趟过里卡多·罗查，面对巴西队后防线冷静地将球巧妙地从巴西队后卫双腿之间塞给禁区左侧的卡吉尼亚，后者一剑封喉。

失球之后，巴西队大举进攻。拉扎罗尼用雷纳托·高乔换下阿莱芒，用西拉斯（Silas）换下毛罗·加尔旺（Mauro Galvão），穆勒还浪费一次绝佳破门机会。比赛还剩下5分钟时，巴西队中卫里卡多·戈麦斯（Ricardo Gomes）飞铲卡吉尼亚被红牌罚下。整场比赛，巴西队明显占优，但就是得势不得分。输给阿根廷队，阿莱芒、邓加和里卡多·罗查都成了兵败罪人。阿莱芒和马拉多纳一同效力那不勒斯，两人既是队友，又是朋友。卡尼吉亚进球前，阿莱芒抢断马拉多纳脚下皮球时有点心不在焉。卡尼吉亚进球后，马拉多纳还拥抱了阿莱芒。因为这个缘故，阿莱芒在巴西国内招致猛烈批评。

在1990年意大利世界杯上，邓加不是拉扎罗尼巴西队表现最突出的球员。他没有进球，也没有助攻，在场上更未做出漂亮的动作。不过，邓加是拉扎罗尼倚仗的球员，巴西队在意大利世界杯上的全部比赛他都首发出场并打满90分钟。除了在后场派出三名中卫，在巴西队中场，拉扎罗尼也派上邓加、阿莱芒和瓦尔多三位防守型中场。过多使用防守型球员，使巴西队打法非常保守，没有速度、创造力和想象力，只想毁坏对手的进攻主力。意大利世界杯留给巴西人的记忆不多，邓加从斜背后铲抢马拉多纳多未果的一幕成为世界杯上巴西队表现的缩影，巴西人就此记住了邓加。邓加成为拉扎罗尼巴西队的象征，他是结束足球、防守和力量足球以及暗淡无光的足球的同义词。在巴西人看来，拉扎罗尼巴西队是巴西队历史上的一个黑暗时代，它被定义为"邓加时代"，尽管这样的定义对邓加来说并不公平。

意大利世界杯的巴西队人员构成其实不错，4年后，巴西队在美国世界杯夺得第四冠，佩雷拉在阵容上只做了不多的变动。意大利世界杯提早出局证明要想赢得世界杯冠军，除了传统和过往的名气之外，除了出色的球员之外，巴西队还需要做更多的事情。1990年意大利世界杯上，巴西有一支极富天赋的球队，但准备得不充分，也缺乏组织和战术打法，不少球员们还自以为是。要想夺得久违的世界杯冠军，巴西队还需要等待4

年时间，做更多的准备。

回到巴西，迎接巴西队的是愤怒的球迷。球迷举出横幅，上面写着："谁脑子有屎？喀麦隆还是拉扎罗尼？"在1990年意大利世界杯上，喀麦隆队是一道亮丽的风景，小组赛首战曾1比0击败马拉多纳领军的阿根廷队。但1/4决赛对英格兰队，一度2比1领先，喀麦隆队以为胜券在握，有点自大，最终2比3输掉比赛。意大利世界杯上，巴西队的表现远不如喀麦隆队，其实两者没有可比性。止步1/8决赛，巴西队最终世界杯排名第九，拉扎罗尼被解职。在意大利兵败，拉扎罗尼还嘴硬。他为自己辩解说："我在巴西队留下的遗产是战术上的进步和重新获得南美霸主地位。"

在意大利世界杯上没有上场的罗马里奥也很郁闷。对于巴西队失利的原因，罗马里奥评价道："1990年世界杯巴西队输球不是因为场外因素，它输球是因为一些球员的无能。"不仅对队友不逊，针对自己在巴西队的前途，罗马里奥还说了一句赌气的话："（你们媒体）可以记在本子上。这是我的第一届世界杯，也是我的最后一届世界杯。"这绝对是气话，如果罗马里奥真的就此远离巴西队，谁将是1994年美国世界杯上的四冠英雄？

十五、24年后的第四冠——
1994年美国世界杯

罗马里奥挽救巴西

　　1994年美国世界杯开始之前，罗马里奥就已经成了巴西的民族英雄。1993年9月19日，罗马里奥迎来世界杯预选赛首秀。之前，由于公开批评巴西队主教练佩雷拉和技术监督扎加洛，"独狼"好长一段时间没得到巴西队的征召。1992年对德国友谊赛，得知他将给卡雷卡做替补，"独狼"口出怨言："我来这里可不是为做替补的。"这句话惹恼了佩雷拉和扎加洛。1993年厄瓜多尔美洲杯,巴西队也没招罗马里奥。巴西队在世界杯南美区预选赛上表现不佳,出线形势岌岌可危,最后一战对乌拉圭,再输球世界杯就出不了线,不得已,佩雷拉和扎加洛才又想起了桀骜不驯但能解决问题的罗马里奥。

1994年美国世界杯南美区预选赛,巴西队与乌拉圭队、厄瓜多尔队、委内瑞拉队和玻利维亚队分在一组。世预赛客场四战,巴西队0比0与厄瓜多尔队打平,0比2负于玻利维亚队,5比1大胜委内瑞拉队,1比1与乌拉圭队握手言和。在主场,巴西队才稍有起色,2比0击败厄瓜多尔队,6比0大胜玻利维亚队,4比0击败委内瑞拉队。但由于客场欠债太多,世预赛最后一轮在马拉卡纳球场迎战劲敌乌拉圭队,巴西队还需要取胜才能确保晋级世界杯决赛圈。赛前,前锋穆勒受伤,而罗马里奥民众呼声极高,佩雷拉没有理由再不用他。罗马里奥当时在巴塞罗那踢球,状态极佳的他是当时巴西最好的前锋。

在巴塞罗那踢球,时任主教练、荷兰前球星克鲁伊夫送给罗马里奥"大禁区之王"的美名。1974年德国世界杯,克鲁伊夫领军的荷兰队高举全攻全守足球大旗,被人誉作"荷兰旋转木马",而克鲁伊夫更是得名"球门前的先知"。克鲁伊夫对罗马里奥心悦诚服:"罗马里奥是独一无二的球员,他能将绿茵场上手帕大小的地方变成一处大农庄。他只需要一平方米大小的地方，就能拿球、过掉防守者，然后像箭头一般冲向球门。"

1966年1月29日出生于里约热内卢的罗马里奥个子不高，身高只有1.67米，但身体很壮。对手惧怕他，民众喜爱并信任他。在进球这个工作上，没有人比罗马里奥做得更好。罗马里奥速度极快，位置感和预判能力极为出众，胜似闲庭信步，他总是能在适当的时刻出现在适当的地点，他要做的是等待皮球过来，然后轻松地将它踢进或顶进网窝。尽管个子不高，但罗马里奥的头球功夫了得，往往令对手门将防不胜防。他的射门力量足，角度刁钻，每每一击致命。美国世界杯前，在国际足联所做的民意调查中，罗马里奥是最近十年国际足坛三名最好的球员之一——另两位是意大利中场罗伯特·巴乔和荷兰球星、"冰王子"丹尼斯·博格坎普。罗马里奥球技没得说，可由于其场外的种种劣迹，甚至有人讨厌他。但国难思良将，在巴西队预选赛形势危殆之际，不能再记他的种种不好，只能寄希望于他能够拯救巴西了。

对乌拉圭队一战，罗马里奥果真没有食言，他一人独进两球，巴西队2比0完胜，世界杯预选赛出线。赛后，一直固执地不招"独狼"的佩雷拉也对"独狼"赞不绝口，说"是上帝派来了罗马里奥"。1993年9月19日堪称罗马里奥人生中最快乐的一天。赛后，在马拉卡纳球场门口，由于球迷正陆续退场，他的保时捷被困住了。坐在车上，罗马里奥打电话给他的一位军人朋友："上校，今天我是将军。因为我的原因，一切都停了下来。我是巴西的主人。"这既是大胜和使命完成后的陶醉，也可以看作是"独狼"的发泄。缺了我罗马里奥，巴西队就是玩不转。美国世界杯前，佩雷拉巴西队并不被人看好。巴西著名杂志《阅读》周刊一篇世界杯前瞻文章这样写道："巴西队可能是摊臭狗屎，但有了罗马里奥，巴西队就有望击垮对手。爆发力十足，罗马里奥能决定比赛。"

"坏孩子"罗马里奥

世预赛关键一役，罗马里奥成了民族英雄。可对罗马里奥，巴西人还普遍地带有一丝怀疑和畏惧。在球场上，罗马里奥是个英雄，甚至可以说是个天使，但在场下，他是个魔鬼，至少是个坏孩子。他不守纪律，是个麻烦制造者，他极端个人主义，极富反叛精神。罗马里奥口无遮拦，心里想什么，嘴上就说什么。他粗鲁、自负，不会说人爱听的话，不考虑别人的感受。罗马里奥天性如此，打小就好惹是生非。1985年，随巴西U20青年队去莫斯科打世青赛，罗马里奥和两个朋友倚在房间窗前，冲街上路过的年轻姑娘做猥亵动作。以违背道德的名义，也是为了强化纪律，罗马里奥被除名。

罗马里奥1966年2月1日出生里约热内卢，在球场上他是精灵，在场下他是个魔鬼，他的口无遮拦也举世闻名。罗马里奥谁都敢骂。对于不会踢球的队友，他曾说过："对于木头腿球员，不用对手出脚，皮球就能绊倒他。"对于教练，"独狼"也有自己的名言。他说："所谓的好教练，就是那种不给别人添乱的人。"罗马里奥酷爱夜生活，不爱早上训练。2001年随巴西队集训，"独狼"对早上8点半训练十分不满。当时他说："这个点我平常刚回到家，正想睡觉呢。早起太痛苦了，可我又能怎么办？这是球员职业生活的组成部分。"对于夜生活过度，罗马里奥的解释是："如果我睡得太多，我就进不了球了，因此我喜欢夜生活。"对于训练，"独狼"的态度是："为什么要训练呢？我已经知道怎么踢球了。"

罗马里奥跟好多人结仇，他最著名的仇家是球王贝利。罗马里奥一直踢到2009年，43岁时才退役。贝利认为他早该退役，罗马里奥则挖苦贝利说："闭上嘴巴的贝利是一位诗人。在场上，他是我们老前辈。但在场外，得往他嘴巴里塞上一只臭鞋子。"罗马里奥最自负的一句话是"当我出生时，上帝指着我说：'那就是我选中的家伙'"。不过，临近退役时，罗马里奥也曾其言也善。对于后辈罗比尼奥，罗马里奥曾说过这样一句话："就算在我自己家里，我也不是众口一词。我做不了任何人榜样。你跟罗比尼奥讲，我在场外所做的一切，其中90%他都不要学。可是，如果他做到我在场上做到的60%，他就已经非常好了。"

1990年意大利世界杯前，罗马里奥一条腿伤过，正在恢复之中，但主帅拉扎罗尼还是招他进巴西队。在意大利，罗马里奥没起到好的作用。他无视巴西队队医利迪奥·托莱多，自己带私人理疗师尼尔顿·佩特罗尼住进了巴西队下榻的酒店。之后，由于上不了场，罗马里奥又对主教练拉扎罗尼发炮。罗马里奥说："这个主教练只招他的朋友，巴西队不是国家社会保障机构，它的宗旨不是帮助其他人。"除了口无遮拦，罗马里奥还超级喜爱夜生活，甚至因夜生活无度而缺席球队训练。罗马里奥自己的解释是夜生活不仅是出于生理需要，也是出于心理需要。他说："我的身体这样要求。我每晚都出去，可这挡不住我在球场上进球。"

对于巴西队队友，罗马里奥也敢于批评挖苦。美国世界杯前，巴西队前锋穆勒成了他的攻击目标。罗马里奥说："他已经打了两届世界杯，但什么也没做。"对于美国世界杯上的锋线搭档贝贝托，罗马里奥也保持着一种很冷淡、若即若离的关系。两个在场上可以心有灵犀，但在场下，两个人不是朋友。对于两人的关系，"独狼"评价道："我们只不过是认识。"罗马里奥的一张嘴，也不放过球王贝利："贝利仍生活在过去，在我看来，谁生活在过去里，谁就跟博物馆没什么两样。"

不过，至少在罗马里奥身上，这样强悍而古怪的性格也可以说是一个优点。有性格的人才敢作敢为，有能力的人才敢于质疑、怀疑、轻视甚至藐视一切，才敢于独来独往。罗马里奥自己也说："我只不过是诚恳而已，只不过实话实说而已。谁跟我没花花肠子，我对他也坦诚以待。"不过，"独狼"这种性格还是招惹和激怒了不少人，很多人对他怀恨在心。意大利世界杯他没得到机会，美国世界杯将是完全属于他的世界杯。如果美国世界杯表现不佳，罗马里奥肯定会被媒体口诛笔伐，会被球迷骂得他被唾沫淹死，会被钉上巴西足球的耻辱柱。可罗马里奥就是罗马里奥，他有向所有人叫板的实力。美国世界杯上，他成了巴西队夺冠的英雄。

儒帅佩雷拉

1991年，佩雷拉第二次入主巴西队。1994年美国世界杯是佩雷拉第一次率巴西队征战世界杯。1982年西班牙世界杯兵败，特里·桑塔纳被解职之后，佩雷拉成为他的继任者，第一次入主巴西队。第一次巴西队经历，佩雷拉只干了短短一年。1983年乌拉圭美洲杯，巴西队成绩一般，美洲杯后佩雷拉就被解职。首度执教巴西队经历，佩雷拉率领巴西队打了14场比赛，取得了5胜、7平、2负的战绩。佩雷拉在巴西队的第一任期平局太多，这也是导致他下台的最主要原因。

1943年2月27日，佩雷拉出生于一个军人家庭。佩雷拉人称桑巴儒帅，除了他温文尔雅的风格，还因为在巴西老一代主教练中，他是不多的一位学院派。佩雷拉酷爱足球，但没踢过职业足球，他只在几支业余队做过门将。1966年，佩雷拉毕业于里约联邦大学体育系。1970年墨西哥世界杯和1974年德国世界杯，佩雷拉是扎加洛巴西队的体能教练。1978—1983年，佩雷拉曾执教科威特国家队长达5年时间，并率领科威特国家队征战1982年西班牙世界杯。1990年意大利世界杯，拉扎罗尼巴西队1/8决赛0比1被马拉多纳阿根廷淘汰。之后，此前没有执教经验的前球星法尔考入主巴西队，但他只是个短命教练。第二次入主巴西队，佩雷拉面对的是一个烂摊子。他的任务是率队在南美区预选赛出线，然后在美国世界杯上有不错的成绩。

上任伊始，佩雷拉做的第一件事是为巴西队找到一位理想的场上领袖。意大利世界杯对阿根廷一战，年轻后腰邓加没能防住马拉多纳，后者精妙传球助攻"风之子"卡尼吉亚对巴西队一剑封喉。那届世界杯后，邓加成为失败一代的象征。启用邓加，佩雷拉需要有很大的勇气。邓加身上有三点吸引了佩雷拉：一是他的领袖气质，二是他不俗的防守能力，三是他精准的传球。佩雷拉用人不疑，邓加也很争气，在美国世界杯上戴上队长袖标，作为巴西队队长捧起了大力神杯。

在拉扎罗尼巴西队主力班底中，佩雷拉只留用了门将塔法雷尔和左边卫布兰科。在其他位置上，佩雷拉选用了多名年轻球员。佩雷拉选材的标准有两点：一方面球员要年轻，另一方面在各自俱乐部要表现出色。佩雷拉不拘一格降人才，尤尔津霍、马西奥·桑托斯、卡福等入选巴西队。实际上，除了年轻和在俱乐部踢得出色之外，佩雷拉选材的另外一个重要标准是传球要好。

佩雷拉巴西队的一个重要特点是控球、倒球和传球好。在巴西队中场，马津霍就是一个出色的倒球手，他的责任是让球在中前场运转起来，他在当年佩雷拉巴西队的作用有点像现如今的巴塞罗那中场大师哈维。后腰马津霍是个多面手，在右边卫尤尔津霍的强有力支持下，他也能向前锋线输送炮弹。1994年世界杯小组赛阶段过后，马津霍之所以能取代拉易成为巴西队主力，主要是由于他出色的防守能力和快速反击时的快速带球能力。中场不俗，罗马里奥和贝贝托组成的前锋线状态和配合都出众，美国世界杯上的巴西队非常强大。

不过，佩雷拉巴西队也有遭人诟病的地方。佩雷拉主张进球只是个细节，巴西队进个球很难。进攻时太有耐心，太多中场倒球，太追求安全感，巴西队的比赛有时让人看得昏昏欲睡。在美国世界杯上，除了1/4决赛对荷兰队遇到凶险，其他比赛，踢得不紧不慢、不慌不忙的巴西队都把主动权掌握在自己手里，没遇到过实际的威胁。佩雷拉的巴西队没有艺术和表演，但战术纪律极强，很有耐心，很镇静，知道何时是进攻的恰当时机，知道怎么进攻对手。这样的球队踢得不好看，但要想击败它也很难。

摇篮曲和大力神杯

美国世界杯小组赛，巴西队两战一平以小组第一身份出线。6月20日，首战俄罗斯队，巴西队2比0取胜。6月24日，次战喀麦隆队，巴西队3比0击败对手。小组末战，巴西队1比1打平瑞典队。1/8决赛，巴西队1比0击败米卢蒂诺维奇领军的东道主美国队，左后卫莱昂纳多被红牌罚下。最难一战是1/4决赛对荷兰队，巴西队3比2险胜。半决赛对小组赛对手瑞典队，巴西队1比0小胜。黄衫10号拉易小组赛三战表现不佳，自1/8决赛起，他就被马津霍顶替。马津霍有两个儿子很有名，一个出生于1991年，另一个出生于1994年。哥哥蒂亚戈·阿尔坎特拉先效力巴塞罗那，之后被瓜迪奥拉带到拜仁慕尼黑。他的弟弟拉菲尔·阿尔坎特拉也曾在巴萨拉马西亚青训营受训，现在效力西甲塞尔塔。

美国世界杯期间，两位巴西球员做了父亲。左后卫莱昂纳多的儿子卢卡斯6月21日出生，贝贝托的儿子马特乌斯7月7日出生。美国世界杯上，巴西前锋贝贝托发明创造出著名的"摇篮曲"庆功动作。但为大多数人所不知的是，贝贝托第一次使用这个庆祝动作，是为了向队友莱昂纳多的儿子卢卡斯致敬。卢卡斯6月21日出生，6月24日，巴西队小组赛首战喀麦隆3比0取胜，贝贝托第73分钟打进巴西队第3球。7月7日出生的马特乌斯是贝贝托的长子，7月9日对荷兰的1/4决赛，第一次做了父亲的贝贝托场上表现果然神勇。巴西队3比2险胜，贝贝托第63分钟打进巴西队第二球。庆祝时，又是"摇篮曲"动作，这次是送给自己的儿子。

实际上，这不是历史上巴西队球员首次在世界杯上得子。1954年瑞士世界杯期间，巴西队主力门将卡斯蒂略（Castilho）

的女儿希尔雷（Shirley）降生。当收到妻子寄来的女儿的照片时，当时效力于弗卢米嫩塞的巴西队一号门神热泪夺眶而出。40年后，在美国世界杯上，得知儿子降生的消息，第一眼看到新降生的骨肉，莱昂纳多和贝贝托也非常动情。但科技在飞速地进步，40年后与40年前不同。通过巴西环球电视台的连线采访，莱昂纳多不仅可以从电视画面上看到新出生的儿子，还跟生产后的妻子聊了几句。贝贝托也一样，儿子刚出生几个小时，他就看到了儿子的样子。时至今日，互联网非常发达，为国征战世界杯的球员，甚至可以通过网上视频同步观看妻子的生产，这不能不说是科技进步带给人类的福分。

美国世界杯决赛复制了1970年墨西哥世界杯决赛，巴西队的决赛对手再次是意大利。美国世界杯之前，巴西队三次夺冠，意大利也是三次夺冠，谁赢了1994年美国世界杯决赛，谁就将成为世界杯历史第一支四次夺冠的球队。1970年世界杯，巴西队和意大利曾在决赛中相遇，巴西队4比1大胜意大利队。时隔24年，物是人非，桑巴军团再次在决赛中遭遇蓝军。比赛开始后，两支球队都打得谨慎小心，自己不进球，但首先要避免对手进球。常规90分钟和加时赛，记分牌没有改变，世界杯历史上，冠军第一次通过点球大战决出。

巴西队首个出场的中后卫马西奥·桑托斯射出的点球被吉

安卢卡·帕柳卡（Gianluca Pagliuca）扑出。随后出场的罗马里奥、布兰科和邓加都中的。意大利方面，第一个出场的中后卫巴雷西射失，中场德梅特里奥·阿尔贝蒂尼和阿尔贝里戈·埃瓦尼射中，前锋达尼埃莱·马萨罗的射门被巴西门将塔法雷尔扑住。前四轮过后，巴西队3比2领先。第五轮首先出场的蓝军最大牌球星罗伯特·巴乔射高，巴西方面第五个出场的贝贝托不用再射点球。

作为世界杯历史上首支三度夺冠的球队，巴西队维护了巴西足球的尊严，成为世界杯历史上第一支四冠球队，这也是他们第一次举起大力神杯。巴西队上一次世界杯夺冠还是1970年，巴西人终于令24年无冠的历史作古。巴西与意大利的美国世界杯决赛，是世界杯历史上南美和欧洲球队第7次在决赛中相遇。巴西队击败意大利夺冠后，南美赢了6次决赛，欧洲只赢了1次。南美赢的6次中，4次是巴西赢得，1次是阿根廷赢得。在欧洲球队中，只有德国赢了1次欧洲与南美的决赛对决。1990年意大利世界杯决赛，德国1比0小胜阿根廷夺冠。

像前三届世界杯夺冠时一样，美国世界杯上，巴西队再次以不败战绩夺冠。7场比赛，佩雷拉的巴西队5胜2平，进11球仅失3球。唯一美中不足的是，这一座大力神杯是点球大战后赢得的。继1990年意大利世界杯决赛上的阿根廷之后，巴西和意大利成为另两支世界杯决赛上没有进球的球队。个人荣誉方面，巴西队也有收获。凭借美国世界杯上出色而决定性的表现，罗马里奥当选赛事最佳球员。紧随6球的俄罗斯前锋萨连科和保加利亚前锋斯托伊奇科夫之后，罗马里奥以5球排在美国世界杯射手榜第三，他也是美国世界杯巴西队最佳射手。

四冠英雄的复仇

1994年5月1日，巴西著名F1赛车手埃尔顿·塞纳在圣马力诺伊莫拉赛道车毁人亡。夺冠后，巴西队四冠球员在绿茵场上打出一面横幅，上面写着："塞纳，让我们一起踩油门，四冠是我们的啦！"捧起大力神杯之后，巴西队长邓加高喊："是四冠！是四冠！"实际上，在佩雷拉巴西队，总共有三位队长，邓加排在拉易和尤尔津霍之后，只是巴西队第三队长。小组首战俄罗斯，巴西队队长袖标戴在拉易臂上。第二战对喀麦隆，拉易还是巴西队队长。第81分钟，拉易被前锋穆勒替换下场，队长袖标才给了邓加。小组第三战对瑞典，拉易只打了上半场，下半场开始时被保罗·塞尔吉奥换下。对瑞典一战的下半场，邓加又成为巴西队场上的队长。之后四战，邓加都是巴西队长，他也打满了巴西队全部7场比赛。

夺冠之后作为队长第一个举起大力神杯，对于邓加来说也算实至名归。1990年意大利世界杯后的4年，邓加一直备受舆论指责。但在美国世界杯，邓加的表现可以用完美无瑕来形容。他踢得实用，防守极佳，也能在中场控球和传球。在锋线上，罗马里奥和贝贝托为巴西队摧城拔寨，在中后场则是邓加在发号施令。罗马里奥桀骜不驯，但美国世界杯，邓加和他住在一个房间，把罗马里奥给管住了。放眼巴西足坛，罗马里奥可以不服气别人，但他服四冠队长。美国世界杯期间，巴西媒体仍不放过邓加，仍对他口诛笔伐。决赛后举起大力神杯，邓加终于有机会发泄一番。他将大力神杯举过头顶，口吐脏字骂道："这是给你们的，你们这群婊子养的，你们这群坏蛋。"

这怎么又能缺少得了嘴无遮拦的"独狼"？世界杯夺冠之后，罗马里奥也发泄了一番。"独狼"说："这是罗马里奥的世界杯。我说到做到。我是四冠冠军，也是最佳球员。我说了，也做了。我现在这样讲是为了让批评我的人闭上他们的嘴巴。"不过，罗马里奥也有点后怕，他差一点就无缘美国世界杯。罗马里奥说："对德国一战之后，扎加洛和佩雷拉忘了我这个人。我敢肯定，要是我没上场巴西队也能赢了乌拉圭队，我就再也不会被招进巴西队。"

　　时隔24年后夺冠，回到祖国，佩雷拉巴西队受到英雄般的欢迎。不过，四冠英雄们惹了点麻烦。从美国回来的专机上，包括巴西队教练组成员、球员、足协官员和形形色色的朋友和客人，总共坐了97人。在专机的货舱里，还装运了约17吨的行李，其中大部分是专机乘客们在美国购买的东西。左后卫布兰科在美国买了一台微波炉、一台洗衣机、一台冰箱、两套健身器材和两台电视机。就连巴西足协主席里卡多·特谢拉也未能免俗，他也为他开在里约的酒吧做了一点采购。巴西进口税很高，在全世界都数一数二。按海关的规定，从国外回来，一位旅客最多只能带价值5 000美金的东西，因此巴西海关不放专机上的物品进关。

　　巴西队拿了世界杯冠军，是全巴西景仰的偶像，但也不能带头逃避进口税。巴西海关和税务当局要对巴西队专机上的货物进行检查并收税，不缴税的话，他们威胁甚至可能把全部货品都没收。仗着巴西队刚拿了世界杯冠军，巴西足协主席里卡多·特谢拉视法律为无物。他威胁说，如果联邦税务局的官员敢把机上货品没收，巴西队就不参加夺冠花车游行。时任巴西联邦税务局秘书长奥西里斯·洛佩斯（Osiris Lopes）想让步，巴西财政部长鲁本斯·里库佩罗（Rubens Ricupero）也私下里支持他。可事情被媒体曝光，奥西里斯·洛佩斯被迫辞职。巴西专机上的物品在海关被扣留了将近一个月。最终双方还是妥协了，专机上的人没缴纳海关最初要求的100万美元罚金，只是以支付5万美元补税了事。在足球与法律之间，最终足球和世界杯四冠取得了胜利，尽管这样做法不合理，也不合法。

十六、决赛前罗纳尔多到底怎么了——1998年法国世界杯

罗罗组合

　　1994年美国世界杯夺冠，4年后的法国世界杯，巴西队梦想卫冕。四冠班底基本上原封未动，在这短短的4年时间里，世界又见证了一个"现象"的诞生，他就是罗纳尔多。1996年和1997年蝉联世界足球先生的罗纳尔多只有20岁。美国世界杯巴西队夺冠功臣罗马里奥尽管已经32岁，但仍宝刀未老。有"独

狼"和"外星人"这一老一小两代巨星在锋线联袂，巴西队普遍为人所看好，是法国世界杯的最大夺冠热门。

1994年美国世界杯，罗纳尔多是幸运儿，17岁的他获得佩雷拉征召，参加了人生第一届世界杯。佩雷拉巴西队为足球王国夺得第四冠，罗纳尔多也成了年轻的世界杯冠军。不过，对于罗纳尔多来说，美国世界杯多少留有遗憾。在那届世界杯上，罗纳尔多未获得哪怕是一分钟的上场时间。美国世界杯之后的4年，罗纳尔多的人生发生了天翻地覆的变化。他先是转会荷兰埃因霍温，之后又转会欧陆豪门巴塞罗那，1997年又加盟意甲国际米兰，在亚平宁赢得"现象"绰号。1996年和1997年，罗纳尔多蝉联国际足联世界足球先生。这期间，罗纳尔多也成长为巴西队主力和锋线核心。年少有为，意见风发，没打上美国世界杯，1998年法国世界杯罗纳尔多不会再是配角。

2009年11月10日，罗纳尔多作客巴西环球电视台，他透露了1994年美国世界杯期间他的境况。美国世界杯时，罗纳尔多17岁，作为巴西队最年轻的球员，他没有上场。由于在队中是小弟弟，老队员们习惯对他使唤来使唤去，尤其是锋线上的前辈罗马里奥为甚。罗纳尔多说："1994年美国世界杯，老球员的什么事我都给干。罗马里奥是使我最狠的，我给他擦洗球鞋，帮他收拾东西，还得去给他倒咖啡。"

　　罗马里奥对小弟罗纳尔多也挺欣赏，美国世界杯期间他曾主张让罗纳尔多上场。罗纳尔多说："罗马里奥很希望我上场，他说接受记者们采访时，他会提到这件事。记者们就来问我，我说我想上场，但这件事要由主教练佩雷拉做决定。我的回答纯属外交辞令，罗马里奥不满意了。后来他碰到我，跟我发了火儿。罗马里奥说：'我不是让你说你想上场吗？我的话就是命令，你就得那样说。'"15年后，谈起罗马里奥当年的怒其不争，罗纳尔多笑出了声。

　　1994年美国世界杯后，扎加洛接手巴西队教鞭。罗纳尔多如日中天，1996年他就成为巴西队主力。后美国世界杯时代，罗纳尔多很快稳稳地抓牢了扎加洛巴西队9号球衫。但让谁与罗纳尔多在巴西队锋线上搭档，则令老帅颇费一番思量。在11号这个位置，扎加洛也试用了多位前锋，但最终结果都不令他满意。一开始，老帅并不看好罗马里奥。一是罗马里奥年岁日长，已过而立之年；二是因为从巴塞罗那回到巴西之后，罗马里奥在弗拉门戈没拿过像样的冠军。可尽管年过三旬，但罗马里奥并没有放弃重回巴西队的努力，他在弗拉门戈重又恢复很高的水平，进了不少球。罗马里奥公开表示，他希望能参加1996年的亚特兰大奥运会，希望扎加洛能看看他在场上的表现，帮助他实现这一愿望。

1996年奥运会，扎加洛可以带三名超龄球员去亚特兰大。老帅的选择是中后卫阿尔代尔、中场里瓦尔多和前锋贝贝托，后者是美国世界杯上"独狼"的锋线搭档。那届巴西国奥从一开始就有问题，在半决赛中被尼日利亚淘汰，这也是巴西足球史上的惨败之一。亚特兰大兵败之后，扎加洛在巴西国内饱受批评，因此不得不在巴西队做些改变，扎加洛这才把罗马里奥招进了巴西队。

"罗罗组合"在巴西队聚首，迎来的也不是一边倒的满堂彩，许多巴西人质疑"罗罗组合"风格相似，两个中锋同时上场不适合巴西队。巴西人还拿"罗罗组合"跟罗马里奥与贝贝托的"罗贝组合"做比较。罗马里奥是个射手，他顶在最前面，活动在禁区里，而贝贝托游弋在边路，甚至回撤到中场，穿针引线，甘心为"独狼"做嫁衣。罗马里奥和罗纳尔多一高一矮，但他俩速度都奇快，场上位置和风格也雷同。不像贝贝托甘心作陪衬，做辅佐，罗马里奥和罗纳尔多都不可一世，心气儿都挺高，踢起球都有点独，两人很难在一个锅里吃饭。巴西舆论担心的也不是没道理，可罗马里奥和罗纳尔多用出色的发挥打消了一切怀疑。

一度难产之后，"罗罗组合"终成正果。早在法国世界杯之前，罗马里奥和罗纳尔多组成的"罗罗组合"就已令对手胆战心惊、所向披靡。1997年2月26日对波兰友谊赛，"罗罗组合"才联袂首发。法国世界杯之前，"罗罗组合"为巴西队出战19场，巴西队取得14胜。拜"罗罗组合"强大的进攻力，巴西队还夺得1997年国际足联联合会杯和美洲杯冠军。美国世界杯上，巴西队成功的秘诀是罗马里奥和贝贝托的锋线组合。如果"独狼"和"外星人"无恙，在法国世界杯上双剑合璧，大力神杯肯定是巴西人的了，其他人也不用惦记了。

"独狼"伤离

1994年世界杯是老帅扎加洛第四次参与世界杯夺冠。1958年瑞典世界杯和1962年智利世界杯，扎加洛作为球员夺冠。1970年墨西哥世界杯，扎加洛是巴西队主教练。1974年德国世界杯，扎加洛也是巴西队主教练。但巴西队屈居第三，扎加洛没能实现第二次率巴西队夺冠的梦想。而1994年美国世界杯，老帅扎加洛是佩雷拉巴西队的技术监督。美国世界杯后，扎加洛接替佩雷拉第三次入主巴西队。尽管已经67岁，但扎加洛梦想高远，他想为巴西赢得第五个世界杯冠军，作为主教练第二次率队世界杯夺冠。

可大赛在即，罗马里奥和罗纳尔多身体情况都有些不妙。

罗马里奥大腿肌肉有伤，他面带微笑到了法国，但双手抚着大腿的痛处，走起路来也一瘸一拐。罗纳尔罗的问题出在膝盖上，世界杯刚开始前的20天时间里，他的两膝都敷着冰袋。为了打消外界的怀疑，巴西队队医组表态说，为罗纳尔多膝盖敷冰只是出于保险起见，他和罗马里奥都没有太大的问题。说是那么说，但外界仍旧怀疑。备战期间，巴西队去了一趟西班牙，跟毕尔巴鄂竞技打了一场比赛，那是西甲俱乐部成立百年庆祝赛。巴西队回到巴黎的第二天，技术监督济科就宣布，罗马里奥因伤被剔除出巴西队。这时距法国世界杯开幕已不到10天。

罗马里奥是个坏孩子，但无缘人生第三届世界杯，无法为国效力，"独狼"还是哭了，而且是泪水滂沱的大哭，是伤心的哭。离队前，扎加洛和济科找"独狼"谈了话，罗马里奥说："谈话持续了15分钟，离开他们的办公室时我整个人都垮了。"罗马里奥难以接受被剔除出队的现实，他指责巴西队教练组没有耐心，说他不理解扎加洛和济科为什么不可以再等等他，等他伤病恢复，世界杯还有几天才开始，他还来得及恢复。罗马里奥还说，尽管已经32岁，但他在巴西队的周期还远未结束，他还想代表巴西打2000年悉尼奥运会。罗马里奥不是一个轻易动容的人，世界杯过几天就开始，可他却早早收拾行囊回家，他真是接受不了。被踢出巴西队，罗马里奥也跟老帅扎加洛和济科结下了仇恨，甚至在里约一家酒吧厕所隔间的门上，找人画了丑化扎加洛和济科的漫画，扎加洛和济科因此事还跟"独狼"打过官司。

事实上，1996年美洲杯上，罗马里奥与扎加洛的关系就出现了裂痕。半决赛对秘鲁队，巴西队已经5比0大胜，罗马里奥进了两球。见场上形势大好，扎加洛换上了替补埃德蒙多，当时他和"独狼"已经交恶。第一次接"野兽"传球，罗马里奥就感觉腹股沟一阵钻心的疼痛，向主教练要求下场。扎加洛误解了，他以为"独狼"是在装，他不想跟冤家对头同时在场上。对此老帅扎加洛大为光火，决赛对玻利维亚，他把"独狼"放在替补席。扎加洛一度不招罗马里奥进巴西队，两人之间就存有龃龉，决赛"独狼"未上场，他与扎加洛间的猜忌更重。

在罗马里奥问题上，巴西教练组出尔反尔。世界杯前巴西队刚集中时，巴西队队医利迪奥·托莱多为罗马里奥做了初步检查，他当时的结论是"独狼"很快就能恢复。当时利迪奥·托莱多乐观地说："巴西队世界杯首战时，罗马里奥可以上场。"罗马里奥的私人医生尼尔顿·佩特罗尼也不同意扎加洛弃用罗马里奥，他相信"独狼"能赶在世界杯开始之前及时恢复。但扎加洛似乎没有忘记1997年美洲杯半决赛上的一幕，他毅然决然弃用"独狼"。如尼尔顿·佩特罗尼所预料的那样，"独狼"的伤并不像想象的那样严重。事实上，6月10日，巴西队小组赛首战苏格兰的同一天，已回到巴西的罗马里奥也在弗拉门戈的比赛中上场。伤不重，可扎加洛执意弃用自己，罗马里奥对扎加洛恨之入骨也情有可原。罗马里奥伤离，"罗罗组合"从未在世界杯赛场上为巴西队攻城拔寨，这对巴西足球来说是个巨大遗憾。

实际上，老帅扎加洛和"监军"济科也有矛盾。世界杯前，扎加洛是在压力之下才接受济科空降巴西队，出任技术监督一职。当时，前巨星济科与巴西足协主席特谢拉的关系还没有破裂。在自己任期，巴西队拿了一届世界杯，特谢拉也想再为自己树立一座丰碑，在法国世界杯再夺冠。对于年过六旬的老帅扎加洛身体和精力上能否应付世界杯这样的大赛，特谢拉心里有点狐疑。派45岁的济科做巴西队"监军"，特谢拉是出于好意，想让他的年轻与活力和扎加洛的经验与阅历相结合。可济科没有拿世界杯冠军的命，球员时代没拿过，到巴西队任职可能也连累了巴西队，最终巴西队在法国世界杯上输得也很惨。

不仅罗马里奥认为自己因伤被剔除出巴西队的罪魁祸首是

济科，大多数巴西人也是这样认为的，尽管事实的真相可能并非如此。反正济科没落着好儿，他与罗马里奥交恶，长达十多年不说话。后来，因批评巴西足协和特谢拉，济科与特谢拉的关系也闹僵了。执教生涯，济科在国外带过不少球队，但从没带过巴西球队，更没带过巴西国家队，很重要的一个因素是由于特谢拉等人对他的排挤。济科也为自己辩解，说罗马里奥离队并不是他做出的决定。济科说："不是我决定让罗马里奥离队。可是能做什么呢？他总是自以为是，他觉得地球缺了他不转。对于一个自认为是上帝的人，你能希望他做些什么？"

罗纳尔多梦游决赛

没了罗马里奥，扎加洛想倚重的罗纳尔多也不在状态。小组首战对苏格兰，中场塞萨尔·桑帕约首开纪录，对手又自摆乌龙送大礼，巴西队才2比1险胜。次战对摩洛哥队，巴西队3比0取胜，罗纳尔多首开纪录，打进个人世界杯第一球。第三战对挪威队，巴西队3比2险胜，罗纳尔多没进球。1/8决赛对智利队，罗纳尔多梅开二度，巴西队4比1取胜。1/4决赛对丹麦队，罗纳尔多没进球。半决赛对荷兰队，罗纳尔多进球，巴西队1比1与对手打平，点球大战4比2获胜。截至决赛前，罗纳尔多6战只进4球，与世界杯开始前人们对他的预期不相符，因此他自己也非常着急。

1998年7月12日，决赛日。吃过午饭，巴西队球员都在各自房间里休息。罗纳尔多和罗伯托·卡洛斯住在一个房间。突然，罗伯托·卡洛斯发现室友有点不对劲。罗纳尔多人事不醒，似乎是抽风。吓坏了的罗伯托·卡洛斯去喊人，其他队友进了他和罗纳尔多的房间，七手八脚地实施急救。罗纳尔多好了一些，但脸色依旧苍白。巴西队队医组认为，最保险的做法是带他去医院做一下检查。可检查结果显示，罗纳尔多一点事儿都没有。做完检查之后，罗纳尔多回到巴西队，队医组的意见是他可以上场比赛。

距离决赛只有75分钟时，罗纳尔多才离开医院，距比赛40分钟时他回到巴西队，并说自己可以上场。本来扎加洛已经决定让埃德蒙多首发，埃德蒙多的名字都已印在出场名单上。但扎加洛还是改变了主意，埃德蒙多的名字又换成了罗纳尔多。巴西队内对该不该让罗纳尔多上场分成意见分歧的两派。赛前在更衣室里，巴西队队医们又跟罗纳尔多有过一次交谈。罗纳尔多本人表示，他没有什么问题，可以打比赛。那场决赛，罗纳尔多场上表现如同梦游，巴西队0比3败北。赛后罗纳尔多为自己辩解说："我不是紧张。我也打过决赛，而世界杯决赛是我最为期待的。我不会掉链子。唯一发生的一件事是我感觉身体不舒服。在场上，我没有害怕。"

法国世界杯上，巴西队夺冠的希望是罗纳尔多，法国队依仗的则是中场球星齐达内。像罗纳尔多一样，世界杯上，齐达内表现也不符合人们对他的预期。小组第二战对沙特，齐达内还因攻击对手吃到红牌，缺席小组末战对丹麦的比赛。截至半决赛，远逊于已收获四粒进球的罗纳尔多，齐达内还没为法国队进过球。对巴西的决赛前，齐达内表态说："我对自己在本届世界杯上的表现感到满意。对我来说，现在只差一件事，那就是进个球，我希望决赛对巴西队我能打进它。"齐达内没有食言，他成为巴西队的克星，决赛中为法国队打进前两球，而且都是对他来说十分罕见的头球破门。决赛净输三球，是巴西队在世界杯历史上分差最大的失利。法国世界杯上，巴西队7战4胜、1平2负，进14球失了10球，是32强中失球最多的球队。

从赛后巴西队上下的表态，也可以看出在罗纳尔多是否该打决赛这件事上巴西队内部存在着巨大分歧。在法国世界杯由左后卫改打中场的莱昂纳多决赛后说："我觉得他不应该上场，但当时的情况也可以理解。那是一届世界杯的决赛，他自己也想踢，你怎么能不让世界足球先生上场呢？非常难。"巴西人有一种独特的说法，管关键时刻掉链子叫"变黄了"。巴西队主力左后卫、罗纳尔多法国世界杯期间的室友罗伯托·卡洛斯说："罗纳尔多变得比巴西队黄衫更黄。他是个太孤独的人，他应该更开放些。"老帅扎加洛则为自己推卸责任："如果不让罗纳尔多上场，人们也会骂我。我得有勇气，该说什么就说出来。（让罗纳尔多上场的）决定是我做的，如果再来一回，我还会那样做决定。"

失利确实不是罗纳尔多一个人的责任，整个巴西队踢得都不好。巴西队的进攻高度依赖卡福和罗伯托·卡洛斯这两名边后卫，而法国主教练雅凯看准了巴西队罩门，在中场派出三后腰，掐死了巴西队进攻火力输送线路。巴西队输在了整体和战术打法上，不过，罗纳尔多决赛前晕厥对巴西队还是有影响。"独狼"因伤离队后幸运获得征召的埃莫森说："我们觉得问题很严重，没有人再睡觉。从罗纳尔多出事那刻起，我们就输掉了决赛，就连替补们也焦虑不安。"2013年11月，距离1998年7月份的那场决赛已经15年，接受ESPN巴西电视台采访时，"野兽"埃德蒙多谈及了罗纳尔多和他的赛前晕厥。埃德蒙多说："罗纳尔多1998年的抽搐晕厥使巴西队上场时感觉迟钝，它影响了比赛的结果。"

离人生第五个世界杯冠军只有半步之遥，扎加洛执教的巴西队败在东道主法国队脚下。两次以球员身份为巴西队夺冠，却没能第二次以主教练身份率巴西队夺冠，对于扎加洛来说这是个遗憾。不过，缺少了那一次也不要紧，四次世界杯冠军，扎加洛仍是巴西足球史上第一人。如果罗马里奥在的话，"罗罗组合"发威的话，兴许法国世界杯上巴西队会夺冠。巴西队在决赛中惨败给齐达内领军的法国，巴西全国陷入悲痛之中，那一刻觉得高兴而且解恨的估计只有罗马里奥一个人。

世界杯历史上，从来没有一位队长连续两届世界杯举起世界杯冠军奖杯。马拉多纳和邓加接近创造神奇。1986年墨西哥世界杯，阿根廷队夺冠，1990年意大利世界杯，阿根廷队杀入决赛，但最终不敌德国队。1994年美国世界杯巴西队夺冠，邓加是队长。1998年法国世界杯，邓加和巴西队再次杀入决赛，但巴西队功亏一篑，邓加也没能作为队长举起大力神杯。尽管没有第二次捧起大力神杯，邓加和塔法雷尔还是创下了一个巴西队世界杯新纪录。1990年意大利世界杯打了4场比赛，1994年世界杯7战夺冠，1998年尽管没夺冠，但杀进决赛的巴西队也打了7场比赛。连续三届世界杯都是铁打主力的巴西队主力门将和主力后腰创下了为国征战18场世界杯比赛的新纪录。

永久保密的真相

　　罗纳尔多到底怎么了？他是像有些人所说那样，癫痫病发作？还是简单的抽搐惊厥？在巴西队下榻的酒店、在罗纳尔多的房间里究竟发生了什么？在巴西队更衣室发生了什么？扎加洛为什么改变主意，让罗纳尔多上场？是因为耐克施压，要求罗纳尔多必须上场吗？巴西球员故意输球给法国吗？巴西队放弃法国世界杯决赛，是为了换取在2002年韩日世界杯夺冠并且巴西赢得2014年世界杯主办权吗？世界杯决赛，巴西队莫名其妙地输给法国之后，产生了各种各样、形形色色的理论，让人一时难辨真伪，或许永远都难辨真伪。历史的真相是什么？可能永远没有真相！

　　法国世界杯结束后，一位名叫若泽·恩里克·马利安特的巴西记者留在了巴黎。他去了决赛前罗纳尔多接受检查的诊所，跟法国医生了解罗纳尔多当时的病情。他还去了巴西队下榻的酒店，与那里的服务人员交谈。他所做的努力还不止这些，但他这样做的目的只有一个，那就是尽可能接近事实的真相。经过长达一周的拜访、调查和自己的分析研究之后，若泽·恩里克·马利安特得出结论：或许根本不存在人们所说的种种阴谋论，巴西队也不是故意输掉比赛以换取2002年韩日世界杯夺冠和2014年世界杯的主办权，罗纳尔多也不是癫痫病发作，他只是极度紧张和焦虑下的精神崩溃。

法国世界杯上，罗纳尔多处于极大的压力之下。甭说罗纳尔多这样的年轻人，任何其他人也可能受不了，心理上也最终会崩溃。导致罗纳尔多压力的因素有多重，有的与世界杯和巴西队有关，有的和自己的家庭和私人生活有关。与四年前的打酱油角色不同，法国世界杯上的罗纳尔多是巴西队世界杯第五冠的全部所系，而此前曾蝉联国际足联世界足球先生的他年仅20岁。在绿茵之上，罗纳尔多的球商可能远超常人，但在心理成熟度上，他还只是个孩子，他还没有长大。蝉联世界足球先生，太多的赞誉，太多的闪光灯，太多的赞誉和顶礼膜拜，一个孩子怎么能承受得了？法国世界杯上，罗纳尔多的表现不如外界的期待，前6战只打进4球，世界杯刚开始时还迟迟不进球。所有这一切，都在罗纳尔多心头上压了一块大石头，他压力山大。

20岁的年纪，面临那么巨大的压力，如果家人可以安慰他、帮助他，或许罗纳尔多能够走出危机。但亲人们不但帮不了忙，还在给罗纳尔多添乱。世界杯期间，罗纳尔多在巴黎近郊租了一处别墅，把父母都接了过来。父母早就离异，现在各有各的新伴侣。离异夫妻一双旧人，各有各的新欢，把这四个人搁到一起能没有乱子吗？争争吵吵，争风吃醋，旧事重提，旧恨未消又添新仇，怎一个乱字了得。大赛当前，罗纳尔多本应该安心备战，但四位长辈吵吵闹闹，自己又解决不了矛盾，都反应和堆积到罗纳尔多面前，他还能一门心思、心无旁骛地训练吗？

女友苏珊娜·沃纳也不让罗纳尔多省心。苏珊娜也和罗纳尔多的父母住在一起。由于巴西队集中住宿的缘故，她和男友难得见上一面。有谣传说，苏珊娜红杏出墙，跟一位名叫佩德罗·比亚尔（Bial）的巴西主持人有一腿。但实际上，可能真没那么一回事儿。可谣言一出，谁都拦不住，它像瘟疫一样四处传播。罗纳尔多将信将疑，他不知道如何面对这件事。大敌当前，就该同仇敌忾。对法国的决赛前一天，比亚尔的妻子久莉娅·加姆带着她和比亚尔的儿子亮相，以向罗纳尔多证明她和丈夫关系琴瑟和谐，丈夫和苏珊娜没有什么。为了巴西队夺冠，久莉娅也算是用心良苦。

因此，最常见的说法是罗纳尔多没病，他只是焦虑不安下的精神崩溃。正因为如此，在巴黎诊所，尽管做了所有的检查，但还没检查出他有什么毛病。仪器再先进，心理上的压力，又怎么能检查得出来呢？巴西议会成立了调查委员会，想搞清楚法国世界杯决赛前到底发生了什么。一位议员问罗纳尔多，巴西队输给法国队原因何在。罗纳尔多回答说："是因为法国队进了3个球，而巴西队一球未进。"足球中，谁进更多的球谁就赢得比赛，道理就是如此简单。旁听席上响起一阵笑声，提问的议员则尴尬不堪。经历了法国决赛前和决赛中的事情，罗纳尔多也成熟了。他像是换了一个人，更坚强，更成熟，也更洒脱，对外界压力不再那么耿耿于怀，放不下，拎不清。或许正是1998年的那场危机，才成就了2002年韩日世界杯那个头脑冷静、不受外界干扰，一门心思进球破门的罗纳尔多。

1998年世界杯决赛前自己到底是怎么了？原因究竟何在？这件事甚至就连罗纳尔多自己也搞不清楚，他可能也不知道在自己身上发生了什么。这或许永远是个谜。可实际上，罗纳尔多又何尝不是个受害者。或许人性本恶，那些制造和传播无稽传闻，为巴西队和罗纳尔多制造压力的人，某种程度上正是害了罗纳尔多和巴西队的罪魁祸首！1998年世界杯就这样结束了。罗纳尔多当选世界杯最佳球员，这个奖多少能安慰一下他受伤的心。

十七、"外星人"凤凰涅槃——
2002年韩日世界杯

大菲尔押宝病罗尼

在巴西足球历史上，1998年法国世界杯决赛又是一个惨案，它还是一桩无解的公案。巴西议会为之专门成立了议会调查委员会，他们怀疑罗纳尔多在决赛中上场是因为他的个人赞助商耐克施加了压力。到议会作证，罗纳尔多说他之所以上场是因为检查结果说他没问题，扎加洛和巴西队教练组其他成员也证实了罗纳尔多的说法。议会调查委员会没调查出什么结果，最后只能不了了之。

1996年和1997年，罗纳尔多干什么都顺遂。但自1998年法国世界杯决赛起，罗纳尔多就开始走"背"字儿。1999年11月21日，意甲联赛第10轮，国际米兰主场对莱切的比赛，罗纳尔多右膝严重受伤并做了手术，伤病使他远离赛场5个月时间。儿子罗纳德2000年4月6日出生，一周后，2000年4月12日，意大利杯对拉齐奥，罗纳尔多重返绿茵，做第一动作，他的右膝又脱位。受伤之后，罗纳尔多又做了手术，15个月后才再次站到赛场之上。2001年9月20日，欧洲联盟杯对罗马尼亚布拉索夫，罗纳尔多才再度出战。2001—2002赛季，罗纳尔多只为国际米兰出战15场，共计836分钟，打进7球。不知道这样的罗纳尔多，还能不能在2002年韩日世界杯上为巴西队效力。

跟每次世界杯惨败后一样，法国世界杯输掉决赛之后，巴西队也经历了一段动荡时期。扎加洛被炒鱿鱼之后，巴西队主帅换成了卢森博格。1999年，卢森博格率队打了美洲杯和联合会杯。美洲杯决赛，巴西队3比0击败乌拉圭队夺冠。同年8月的联合会杯上，巴西队3比4不敌东道主墨西哥队屈居亚军。按理说，卢森博格执教巴西队成绩还不错。2000年悉尼奥运会，罗纳尔迪尼奥领衔的巴西国奥队1/4决赛被喀麦隆队2比1淘汰，卢森博格兼任巴西国奥主教练。悉尼兵败，再加上假证件和逃税丑闻，卢森博格2000年9月被解职。之后又经历了两位临时教练，前巴西国门莱昂2001年3月走马上任。韩日联合会杯小组首战，巴西队2比0击败喀麦隆队，之后0比0与加拿大队和日本队打平，半决赛又1比2不敌法国队，三名之争0比1输给澳大利亚队，再加上世界杯预选赛上巴西队也成绩不佳，莱昂在日本成田国际机场被就地解职。

2001年6月底入主巴西队，高乔人斯科拉里接过的是一个烂摊子，他最紧迫的任务是率领巴西队世界杯预选赛出线。帅位的动荡不安也影响了巴西队在世界杯预选赛上的发挥。卢森博格率队打了8场世预赛，4胜2平2负。临时主教练坎迪尼奥（Candinho）和佩德罗·桑蒂利（Pedro Santilli）各取得1胜，莱昂两战1平1负。7月1日世预赛对乌拉圭队，斯科拉里的巴西队0比1客场败北。7月份的美洲杯，巴西队小组首战0比2不敌墨西哥队，1/4决赛0比2被持外卡参赛的洪都拉斯队击败。由于斯科拉里仓促入主，巴西队世预赛成绩也不佳，6战只取得3胜3负的成绩，只是最后一轮对委内瑞拉队取胜才获得去韩日世界杯的飞机票。

斯科拉里是一位有能力的主教练，自2001年6月底走马上任，到韩日世界杯开战，短短不到一年时间，十几场比赛之后，他就把巴西队打造成了冠军之师。但韩日世界杯前，仍有一个问题在困扰着大菲尔（斯科拉里的外号），巴西队还缺少一个出色的前锋。2002年韩日世界杯时，罗马里奥已经36岁，但1998年法国世界杯因伤错过的"独狼"心有不甘，他还想参加人生第三届世界杯。2001年效力达伽马的罗马里奥在巴甲联赛打进21球，职业生涯第一次成为巴甲最佳射手。但最终斯科拉里没带罗马里奥去韩日世界杯。2001年7月1日，斯科拉里执教巴西队以来的首场大赛开始了，大菲尔给了"独狼"机会。对乌拉圭队世预赛，高乔教头让罗马里奥首发并戴上队长袖标。巴西队0比1失利，赛前罗马里奥还与巴西队专机上认识的空姐一夜情。美洲杯斯科拉里想带上罗马里奥，可他去借口要做眼睛手术不去。巴西队打美洲杯，罗马里奥却跟达伽马去墨西哥队打友谊赛。在大菲尔最用人的时候，罗马里奥跟他捣鬼，斯科拉里对"独狼"恨之入骨。

1990年意大利世界杯，罗马里奥坐在替补席，1998年法国世界杯战前被剔除出队。此前的三届世界杯，只有1994年世界杯上罗马里奥风光无限，另外两届都因伤病原因没打上。尽管已经36岁，"独狼"不想错过自己人生的最后一届世界杯。尽管知道斯科拉里对他有看法，罗马里奥还是公开为自己造势。接受媒体采访，"独狼"说："如果我被招去打世界杯，应该是因为我现在踢的足球，而不是因为我过去做过的事情。因此，我觉得如果我去世界杯的话，这也很正常，因为现在我是最好的。"可斯科拉里不那么认为。他说："在世界杯上，很多时候我们需要的是一个整体而非仅仅一名巨星。仅仅押宝于一名球星，那样做值得吗？"

斯科拉里不想再用罗马里奥，他想押宝于2001—2002赛季刚刚伤愈复出的罗纳尔多。如果没有伤病，罗纳尔多的实力不容置疑。2002年2月6日客场对沙特队的友谊赛，斯科拉里征召了罗纳尔多，但他因伤没到巴西队勤王。同年3月27日对南斯拉夫队，罗纳尔多才第一次在斯科拉里率领的巴西队上场。上一次罗纳尔多身披桑巴黄衫出战，要追溯到1999年10月9日友谊赛对荷兰队。时隔两年，罗纳尔多才重返巴西队。此前一直受斯科拉里冷落的罗马里奥坐不住了。4月4日，罗马里奥召开记者会，不顾自己颜面，公开向斯科拉里道歉，说在巴西队他做过错事。但斯科拉里主意已定，5月6日公布韩日世界杯巴西队大名单，罗马里奥榜上无名。

罗纳尔多从严重膝伤中走出来，2001—2002赛季为国际米兰打比赛不多，韩日世界杯上状态如何、发挥如何是个未知数，何况他还有1998年法国世界杯决赛前突然晕厥，让巴西队失去唾手可得的大力神杯的过往劣迹。罗马里奥是2001年巴甲联赛射手王，1994年美国世界杯他已经证明了自己。再说了，就算"独狼"已老，但再老的"独狼"怎么也比埃迪尔森和路易松那两个平庸前锋管用，打不上主力，也可以做替补，万一罗纳尔多不管用，老"独狼"就可以挺身而出。巴西民意希望斯科拉里带罗马里奥去韩日世界杯，甚至就连巴西总统恩里克·卡多佐公开说情。但高乔人就是有性格，斯科拉里执意不招罗马里奥，而是带着病罗纳尔多去韩日，可谓走了一招险棋。对于斯科拉里的巴西队的能力，巴西国内舆论很是怀疑。不带罗马里奥去世界杯，不少巴西人认为巴西队夺冠基本无望。

"外星人"回归

没了罗马里奥，巴西队还有"巴西四R"。罗马里奥的名字也以R开头，可他已经垂垂老矣。韩日世界杯上，罗纳尔多、里瓦尔多、罗纳尔迪尼奥和罗伯托·卡洛斯的风头正劲。巧合的是，他们的名字首字母也是R。不仅是罗纳尔多，巴西队10号球星里瓦尔多也是刚刚从严重伤病中恢复过来。用人不疑，斯科拉里不招罗马里奥，重用备受巴西国内舆论质疑的罗纳尔多和里瓦尔多，他们两人也用冠军回报了主帅的信任。罗纳尔多一场比一场打得好，而被巴西人讥笑为"俱乐部球员"的里瓦尔多也用韩日世界杯上令人惊艳的表现证明，在巴西国家队他也是一位巨星。

韩日世界杯上，大菲尔巴西队运气颇佳。世界杯分组，巴西队抽到了很弱的一个组，对手是土耳其队、哥斯达黎加队和中国队。由于小组对手较弱，斯科拉里赢得了时间，在淘汰赛阶段开始之前，他可以精心准备球队，并让受伤病困扰在各自俱乐部打比赛不多的罗纳尔多和里瓦尔多在屠弱对手身上找回自信和比赛节奏感。和罗纳尔多一样，由于右膝的伤病，里瓦尔多也险些无缘韩日世界杯。距离世界杯开始不到一个月时，他的右膝仍困扰着巴西队队医组和主教练斯科拉里。韩日世界杯上，和罗纳尔多一样，有些比赛，他和罗纳尔多都不得不打了封闭针之后才能上场。

虽然群星璀璨，但小组首战对土耳其队，巴西队却险些阴沟翻船。对手首开纪录，里瓦尔多妙传罗纳尔多，后者打进韩日世界杯个人第一球。第86分钟，替补前锋路易松禁区外摔倒，主裁判却判给巴西队一粒点球。对路易松犯规者再度染黄，因累计两张黄牌被罚下场，里瓦尔多操刀命中。伤停补时阶段，里瓦尔多还夸张地表演了一次，令土耳其队又被罚下一人。对土耳其队，巴西队胜之不武。但对中国队和哥斯达黎加队，桑巴军团却4比0和5比2轻松大胜。值得一提的是，巴西队与塞尔维亚传奇教头米卢蒂诺维奇有缘，或者说米卢与巴西队有缘。1990年世界杯，米卢执教的哥斯达黎加小组赛曾对阵拉扎罗尼巴西队，1994年美国世界杯，他领军的东道主1/8决赛又碰到佩雷拉巴西队。2002年韩日世界杯，米卢执教的中国队又遇到大菲尔巴西队。执教生涯五次率队打世界杯，有三次遭遇巴西队。

1/8决赛赢比利时队和1/4决赛胜英格兰队，运气都帮了巴西队的忙。第35分钟，比利时老将威尔莫茨头球攻门得手，但牙买加主裁判却认为他犯规在先，其实那是个误判。下半场巴西队一度并不占优，罗纳尔多和里瓦尔多分别于第67分钟和第87分钟进球，巴西队才2比0艰难取胜。对英格兰队，欧文首开纪录，里瓦尔多扳平比分。罗纳尔迪尼奥灵光闪现，看准英格兰门将希曼站位靠前，一记巧妙的任意球飞进球门远角，但小罗之后因报复对手被红牌罚下。赛后小罗透露，之所以选择吊射远角，是因为赛前巴西队队长卡福提醒他希曼有站位靠前的习惯。

半决赛对土耳其战前，罗纳尔多剃了一个中式阿福头。那个阿福头被有的人认为是足坛最丑的发型之一，不过却给罗纳尔多带来好运。正是凭借他的进球，巴西队才得以1比0击败对

手。罗纳尔多的进球是个漂亮的右脚脚尖捅射，路透社惊呼罗
纳尔多用脚将巴西捅进决赛。脚尖捅射是罗马里奥的招牌式进
球动作，赛后罗纳尔多也提到了"独狼"："这是一个罗马里
奥式进球，他习惯以这种方式进球。"决赛对阵德国队，罗纳
尔多再度发威，一人独进两球，巴西队2比0击败对手夺得世界
杯第五冠。德国门神卡恩号称当时世界第一门将，但罗纳尔多
的第一个进球，他却不可思议地失误了。赛后，心情沮丧的卡
恩说："没什么能安慰我。我犯了一个错，七场比赛唯一一个
错。我被残酷地惩罚，我本应扑住那个球。"

　　巴西队和德国队都第七次杀入决赛，第二次世界大战后
历届世界杯决赛。但在夺冠次数上，德国队远逊巴西队。巴西
队七进决赛五次夺冠，而德国队七进决赛只夺冠三次。罗纳尔
多成了韩日世界杯第五冠的最大功臣，在经历严重伤病之后，
他用大力神杯宣布自己的东山再起。赛后，罗纳尔多也不可避
免地谈到了1998年法国世界杯那场决赛。罗纳尔多说："那不
是欠下的债，但在意识里一直压着一块重物。"韩日世界杯夺
冠，罗纳尔多终于可以忘掉法国世界杯决赛的那场惨败。但他
真的能忘得了吗？韩日世界杯的辉煌他会一生都记住，法国世
界杯决赛，他也一辈子不会忘记。

"雷吉娜，我爱你！"

　　不仅罗纳尔多，里瓦尔多也为自己正了名。韩日世界杯上，里瓦尔多就算不比罗纳尔多更重要，也和"外星人"一样重要。罗纳尔多打进8球，里瓦尔多打进5球，与德国前锋克洛泽并列世界杯射手榜次席。如果单以进球数为标准，罗纳尔多无疑是巴西队夺冠最大功臣，但不是所有人都这样认为。巴西队夺得第五冠后，巴西国内不少人认为，罗纳尔多在韩日世界杯上的表现确实令人惊艳，但巴西队夺冠最大功臣不是罗纳尔多，而是更为低调的里瓦尔多。当然了，评选谁最重要，也是见仁见智。在韩日世界杯上为巴西队立下汗马功劳，里瓦尔多决赛后也回击了一直质疑他的人。里瓦尔多说："身穿巴西队10号黄衫，我已打了14场世界杯。我相信，在未来，人们会记住里瓦尔多，记住他是冠军。"

　　斯科拉里的巴西队成为世界杯历史上第一支七战七捷夺冠的球队。32年前的1970年墨西哥世界杯，贝利巴西队也是全捷夺冠，不过那届世界杯巴西队只打了6场比赛就夺冠。七战七捷，巴西队打进18球仅失4球。7战18球，2002年韩日世界杯巴西也是世界杯历史进球第三多的巴西队，进球数仅不如1950年世界杯巴西队和1970年墨西哥世界杯巴西队。1950年本土世界杯，巴西队打进22球。而1970年墨西哥世界杯，贝利领衔的巴西队打进19球。

巴西队夺冠之余，罗纳尔多还以8球荣膺赛事最佳射手。尽管之前四次世界杯夺冠，但巴西队夺冠的同时巴西球员当选世界杯最佳射手，韩日世界杯还是史上第一次。自1974年世界杯之后，单届世界杯射手进球数就再没超过7个。时隔28年，"外星人"罗纳尔多打破了这一怪圈。除了收获最佳射手金靴，罗纳尔多还荣获世界杯最佳球员。算上1998年法国世界杯上打进的4球，罗纳尔多世界杯总进球数达到12个，追平了前辈球王贝利，只差2球就会追平德国队前锋盖德·穆勒在世界杯进14球的纪录。

巴西队信教的球员不少，夺冠后巴西队集体跪在中圈处祈祷。在巴西队集体祈祷之前，卡卡和卢西奥、埃德米尔森等三位福音派球员跪在草地上。卢西奥和埃德米尔森的白色圆领衫上印着"耶稣爱你"，"爱"字用一个心形代替。里卡迪尼奥则记起了前队长埃莫森，其圆领衫上印着"埃莫森，你和我们在一起"。最年轻的第五冠冠军卡卡哭了，激动地哭了。巴西队举着冠军奖杯绕场一周，感谢球迷的支持。不知是谁把年龄最小的卡卡举到了一位队友的脖子上，骑在队友脖子上的卡卡高举着大力神杯。尽管是巴西队最小的成员，但卡卡现在也是世界杯冠军了。对德国队的决赛行将结束时，斯科拉里准备派卡卡上场。可比赛一直没停下来，卡卡最终错过了在一届世界杯决赛中上场的机会。

决赛夺冠，作为队长，右后卫卡福第一个举起了大力神杯。他也成为史上第一位也是唯一一位打过三届世界杯决赛的球员。捧起大力神杯之后，卡福的第一句话不是感谢祖国，不是感谢球迷，而是向妻子雷吉娜说了一句话："雷吉娜，我爱你！"卡福的这句话，也被巴西国内评为最令人感动的示爱宣言。脱掉2号黄衫，卡福还向全世界展示了他身上穿的一件白色圆领衫，上面写着"100%伊莱妮花园"。伊莱妮花园是圣保罗的一个贫困郊区，在世界杯夺得第五冠之后，巴西队队长首先想到的是自己的妻子，他也没有忘记自己的生身之地。卡福之所以这样做，也是为了回击媒体和舆论对巴西队球员的批评。他们认为，巴西球员越来越多、越来越早地去国外踢球，他们与桑巴祖国的情感纽带越来越弱。

埃莫森可能是巴西队世界杯历史上最悲情的人物，也可以说是最倒霉的球员。1998年法国世界杯，四冠功臣罗马里奥因伤离队，主帅扎加洛火线征召埃莫森。法国世界杯，埃莫森没得到出场机会，训练中手还受了伤。或许是因为他的存在给巴西队带来了坏运气，巴西队决赛0比3输给东道主法国队。埃莫森没有世界杯冠军命，4年后的韩日世界杯，这一点再次得到了证明。在斯科拉里的巴西队，埃莫森是主力后腰和巴西队队长。但6月2日，小组首战对土耳其队战前一天到水原球场踩场，埃莫森客串门将，倒地扑里瓦尔多的射门时右肩膀脱臼。无奈之下，斯科拉里忍痛割爱，效力科林蒂安的里卡迪尼奥得到火线征召，埃莫森悲情离队，卡福成为队长。

没有埃莫森，巴西队第五次夺冠，而作为队长举起大力神杯的本应该是埃莫森。2006年德国世界杯，埃莫森是佩雷拉巴西队主力后腰，但巴西队止步1/4决赛。球队失利不是一位球员的事，但三届世界杯都与冠军无缘，说明埃莫森运气确实有点差。当然了，这样说有一点点迷信，对埃莫森也不尊重。

十八、未奏响的"桑巴四重奏"——2006年德国世界杯

盛名之下,其实难副

巴西队是作为夺冠大热门抵达德国世界杯的。在进攻端,巴西队有罗纳尔多、罗纳尔迪尼奥、卡卡和阿德里亚诺四位好手,人称"桑巴四重奏"。罗纳尔多威名远场,卡卡和阿德是两颗冉冉升起的新星,罗纳尔迪尼奥2004年和2005年蝉联世界足球先生,2005—2006赛季刚刚率领巴塞罗那夺得欧冠冠军。

桑托斯新星罗比尼奥异军突起，2005年夏天加盟西甲豪门皇马。巴西国内舆论甚至建议主帅佩雷拉可以让巴西队变得更具进攻性，让"单车王子"罗比尼奥也上场，在巴西队进攻端构成"桑巴五重奏"。大小罗、卡卡和阿德里亚诺的四人组合，巴西队本已存在攻强守弱的隐忧。如果再加上罗比尼奥，巴西队会极端不平衡，因此佩雷拉没有采纳那个大胆的建议。

作为2002年韩日世界杯冠军，群星云集、星光璀璨的巴西队肯定是2006年德国世界杯夺冠大热门。不仅世人这样看，就连巴西人自己也这样认为。德国世界杯前，巴西国内就已进入一种亢奋的状态。巴西人提出这样两个问题：2006年德国世界杯巴西队和1970年墨西哥世界杯贝利巴西队哪个更强？世界足球先生罗纳尔迪尼奥比当年的球王贝利更强吗？关公战秦琼，这样的两个问题很难给出准确的答案，2006年世界杯巴西队难比1970年世界杯巴西队，罗纳尔迪尼奥相比球王贝利也有很大的差距。但巴西人既然提出这样的疑问，至少说明他们认为2006年世界杯巴西队和小罗不比前辈们差。巴西老百姓飘飘然还有情可原，可就连巴西队内部也不再清醒。2006年德国世界杯开始前，巴西队主力左后卫罗伯托·卡洛斯做出预测。皇马球星说："本届世界杯最佳球员会是罗纳尔迪尼奥。第二是罗纳尔多，第三是卡卡，然后是卡福和其他巴西球员。"

2002年韩日世界杯，时年63岁的四冠儒帅佩雷拉，是第五次作为主教练率队参加世界杯。除了1994年美国世界杯率领巴西队第四次夺冠，佩雷拉还执教科威特队打过1982年西班牙世界杯，率阿联酋队打过1990年意大利世界杯，率领沙特打过1998年法国世界杯，率领南非队打过2010年南非世界杯。世界杯历史上，作为主教练，佩雷拉率领5支国家队6次参加世界杯。曾执教中国国家队的塞尔维亚神奇教练博拉·米卢蒂诺维奇，1986年墨西哥世界杯执教东道主，1990年世界杯领军哥斯达黎加，1994年世界杯执教美国，1998年世界杯执教尼日利亚，2002年世界杯执教中国。连续五届世界杯，米卢率5支球队打世界杯。佩雷拉只是在2010年南非世界杯上才超过米卢的次数纪录，但米卢连续5届率队打世界杯的历史无人能赶超。如果算上1970年世界杯和1974年世界杯两度作为巴西队体能教练参加，2014年本土世界杯作为技术监督参加，20届世界杯，佩雷拉总共参加了9届。这一次，他想再率巴西队夺冠。

大小罗、卡卡、阿德里亚诺名气震天响，可2006年他们流年不利。德国世界杯之前，罗纳尔多和阿德里亚诺都受到伤病影响。罗纳尔迪尼奥率巴塞罗那夺得欧冠冠军，他的问题是2005—2006赛季为巴萨打比赛太多，德国世界杯上可能难以以最佳的身体状态出战。2003年8月由圣保罗转会米兰，卡卡一鸣惊人，但在前两个赛季的惊艳表现之后，卡卡状态也有所回落。在米兰他打比赛也太多，像罗纳尔迪尼奥一样，德国世界杯他会感觉疲惫不堪。困扰罗纳尔迪尼奥的还有"欧冠冠军魔咒"，欧冠夺冠的赛季，一位球员基本上没可能在世界杯上也帮助祖国拿到冠军。困扰巴西队整体则有"联合会杯魔咒"，联合会杯夺冠的球队，在下一届的世界杯上从来没夺过冠。而2005年德国联合会杯，巴西队在决赛中4比1击败南美宿敌阿根廷队夺冠。还有一种理论，说前一年当选世界足球先生的球员，在次年的世界杯上肯定发挥稀松平常。

所谓的魔咒或许只是迷信，只要世界杯前备战得充分，巴西队仍有夺冠的希望。可问题却是，在瑞士小城维吉斯，巴西队的备战不尽人意。巴西队的训练门票被当地接待方卖了出去，每次巴西队训练都有几千甚至上万人观看。五冠巴西声名远扬，看到心仪的偶像，看台上的球迷没法保持安静。由于球迷太过鼓噪，巴西球员甚至听不清主教练佩雷拉在球场上的指令声。巴西队的一次训练中，一位女球迷甚至闯入球场，抱着罗纳尔迪尼奥在草皮上打起了滚儿。到巴西队报到时，罗纳尔多和阿德里亚诺的身体状况令人担忧，由于长时间养伤，打不上比赛，他们两人都严重超重。身体条件跟理想状态差太远，可罗纳尔多等人却不抓紧时间争分抢秒恢复身体，巴西队放假，他们反倒去当地夜总会狂欢，而且是彻夜不归。

罗纳尔多：世界杯最伟大射手

德国世界杯，首战克罗地亚队1比0取胜，卡卡打进个人世界杯第一球。如果2014年世界杯得不到主教练斯科拉里的征召，或征召了未上场或上场了未进球，那将是2007年国际足联世界足球先生在世界杯上的唯一一粒进球。第二战2比0完胜"袋鼠军团"澳大利亚队，第三战4比1轻取巴西前球星、"白贝利"济科执教的日本队。世界杯开始时，罗纳尔多的状态一度令人心焦。不过在世界杯上，罗纳尔多逐步调整自己的状态。首战克罗地亚队、次战澳大利亚队，罗纳尔多一球未进。对日本队，佩雷拉让部分主力轮休，但他依然派罗纳尔多上场，想通过比赛让他找回状态。对巴西前球星济科执教的东亚球队，罗纳尔多才找回一点感觉，并终于在德国世界杯有了进球，而且一进就是两个。对加纳取胜，巴西队也创造了一项纪录。算上2002年韩日世界杯7战7胜，巴西队世界杯连胜纪录达到11场，那是世界杯历史上最长的连胜纪录。

法国世界杯进4球，韩日世界杯进8球，算上对日本一战的两球，罗纳尔多世界杯总进球数已经达到14个，超过12球的球王贝利，与世界杯上进球最多的德国前球星盖德·穆勒打平。1/8决赛，巴西队3比0击败加纳队，罗纳尔多为巴西队首开始纪录，以15球成为世界杯历史上进球最多的球员。对加纳，巴西国家队打进在世界杯上的199球、第200球和第201球。参加4届世界杯，两次夺冠，打进15球成为世界杯历史上最伟大射手。但罗纳尔多在世界杯上摧城拔寨，他要感谢一位队友。在罗纳尔多打入的15个球中，有7个来自里瓦尔多的助攻，里瓦尔多也成了在世界杯上对罗纳尔多帮助最大的球员。

没能参加2006年德国世界杯，里瓦尔多的世界杯参赛次数停留在两次。1998年法国世界杯和2002年韩日世界杯，里瓦尔多都是身穿10号黄衫出战。和里维利诺、济科等前辈一样，里瓦尔多是后贝利时代身穿10号黄衫代表祖国出战世界杯次数最多的巴西球星。与里维利诺和济科两位前辈巨星不同，在世界杯上，里瓦尔多巴西队成绩更好。1998年世界杯巴西队屈居亚军，2002年韩日世界杯，巴西队第五次夺冠。单从世界杯成绩上来看，里瓦尔多也要好过另一位前辈拉易。1994年美国世界杯，巴西队夺得第四冠，但身披桑巴黄衫10号的拉易表现难与里瓦尔多媲美。小组赛三战首发，拉易表现一般，自1/8决赛起就没再上场，拉易堪称世界杯历史上最名不副实的巴西队10号黄衫主人。

　　1/4决赛，巴西队的对手是法国。巴法战前，接受采访，法国前锋亨利说："巴西人生下来就踢球，他们一整天都在踢球。可法国不这样。他们每天学习8个小时，当我们问自己的妈妈，她们允不允许我们去踢球，他们的回答只有一个：'不'。"亨利说的是巴西人以踢球为爱好，可以整天踢球。但在巴西人看来，这是亨利对巴西足球的不尊重。他是在嘲笑巴西人不学习，只知道踢球。在比赛中，法国人获得前场左路的任意球，齐达内妙传禁区远点，正是亨利右路门前抢点将球打进，为法国队1比0锁定胜局。1998年法国世界杯，巴西队的克星是齐达内。2006年德国世界杯，巴西队又一次倒在齐达内脚下。世界杯上两次击败巴西队，法国中场球星成为巴西队历史上最大的克星。

　　对法国队一战，最有争议的是左后卫罗伯托·卡洛斯。德国世界杯开始之前，舆论就认为他和卡福组成的"巴西双卡"年事已高，不应该再做主力。对法国一战，齐达内左路罚出任意球，亨利禁区右侧插上垫射破门时，在禁区内，四位法国球员面对胡安、卢西奥和吉尔伯托·席尔瓦三名巴西球员的防守。共有五名巴西球员站在大禁区线处，其中就有罗伯托·卡洛斯，他当时正弯腰整理球袜。右路插到门前垫射的亨利，本该由左边后卫罗伯托·卡洛斯来防守。那么关键的时刻却在禁区前沿俯身整理球袜，这真是天大的滑稽。巴西队这种精神状态，不被淘汰天理不容。赛后，卡洛斯为自己撇清责任，说球员之间有约定，对方罚任意球时要制造越位，但胡安等三人没有遵守。赛后，佩雷拉也承认，亨利进球时，巴西队没盯人。但佩雷拉没提越位线一说，他只说在亨利进球的那个位置，可以是卡卡，可以是卡福和卡洛斯中的一人，也可以由泽·罗伯托来进行防守。

巴西队主力中后卫卢西奥也创下了一项世界杯新纪录。在德国世界杯上，卢西卢长达386分钟没有犯规。而此前的最长不犯规纪录属于巴拉圭中后卫加马拉，在1998年法国世界杯上，加马拉长达383分钟没有犯规。巴西队后卫线闪光。尽管被法国队淘汰，但巴西队5战仅失2球，是巴西队在世界杯历史上第二好的防守。1986年墨西哥世界杯，巴西队场均失球0.20个。1994年美国世界杯，佩雷拉巴西队以注重防守著称，7场比赛仅失3球，场均失球0.43个。2006年德国世界杯，巴西队5战仅失2球，场均失球0.40个，是历届世界杯上失球第二少的一届。令巴西人聊以自慰的是罗纳尔多以15球成为世界杯历史上进球最多的球员，而巴西队队长卡福也创造了纪录。对法国的1/4决赛是他身披黄衫为巴西队在世界杯上第20次出战，超过了之前的纪录保持者邓加和塔法雷尔，两位四冠冠军各为巴西队在世界杯上出战18次。

在德国世界杯上，桑巴群星中表现最令人失望的是两届世界足球先生罗纳尔迪尼奥。罗纳尔迪尼奥德国世界杯上表现平平，"欧冠魔咒"、"联合会杯魔咒"和"世界足球先生魔咒"再次显灵。世界杯前，有不少人预测，德国世界杯将是罗纳尔迪尼奥的世界杯，他会率领巴西队赢得第六冠，他会成为世界杯最佳球员。可巴西队打了5场比赛，罗纳尔迪尼奥表现平平，一球未进。失利之后，罗纳尔迪尼奥说："我觉得现在还不是谈论我们差在哪里的时候。我们非常沮丧，我们得考虑下届世界杯。"

一个时代的结束

德国世界杯标志着一个时代的结束，罗纳尔多时代的结束。17岁时，罗纳尔多被四冠儒帅佩雷拉带到美国世界杯。尽管一战未出战，他也成为年轻的世界杯冠军。1998年法国世界杯，两届国际足联世界足球先生被盛名压垮，表现不如预期，决赛前又突然昏厥，巴西队0比3负于东道主屈居亚军。2002年韩日世界杯，罗纳尔多凤凰涅槃、东山再起，用8粒进球荣膺最佳射手和巴西队世界杯第五冠为自己正名。2006年德国世界杯，两次夺冠的罗纳尔多心无斗志、花天酒地，他不良的言行也带坏了一帮队友，巴西队止步8强。在球王贝利之后，罗纳尔多可能是巴西足坛最有天赋的球员。但职业生涯一直为伤所困，罗纳尔多未能取得像球王那样的成就。2011年2月14日，欧美的情人节，受伤病和身体严重超重困扰的罗纳尔多黯然告别绿茵。罗纳尔多离去终结了一个时代，他令世人唏嘘感叹。罗纳尔多也留下一个未能实现的梦。如果身体和状态得以保持，如果2010年世界杯参战，他本可以成为唯一五次参加世界杯的巴西球员，超过前辈球王贝利。

罗纳尔多告别巴西队，卡福、罗伯托·卡洛斯等成名老将也纷纷脱掉黄衫，"巴西双卡"活跃在巴西队左右两个边路的时代成为一段美好回忆。以德国世界杯为分野，罗纳尔迪尼奥状态下滑走下坡路，再也未能真正成为巴西队中场核心。2010年南非世界杯，巴西队主教练邓加没有招他，只把他的名字列入七人备选名单。第二次入主巴西队，率领巴西队打第二届本土世界杯，斯科拉里一度对罗纳尔迪尼奥还抱有希望。但小罗已无可救药、无法再用，大菲尔放弃了他。而阿德里亚诺则自暴自弃，2010年南非世界杯遭弃，尽管直到现在仍未挂靴，但在绿茵场上，他早已成为一个"活死人"，德国世界杯成了他唯一的一届世界杯。阿德里亚诺在意大利国际米兰踢球时被称为"皇帝",在巴西国内被视为罗纳尔多的9号接班人,以他的天赋,只参加一次世界杯实在太少。

德国世界杯上糟糕的表现,也加剧了巴西队内部的裂痕。巴西是个天主教国家,但近些年新教福音派增长势头迅猛。相比花天酒地的罗纳尔多、罗纳尔迪尼奥、阿德里亚诺等球员,以卡卡、卢西奥和泽·罗伯托为代表的福音派球员更严格要求自己,更把世界杯当回会事儿。对巴西队放假时夜不归宿、流连夜生活场所的罗纳尔多等人,为巴西队打进德国世界杯首球的卡卡在对克罗地亚首战之后曾开炮。德国世界杯上,严于自律的福音派球员在场上的发挥也更好。首战克罗地亚队,卡卡是比赛最佳球员。第二战对澳大利亚队,最佳球员则是泽·罗伯托。德国世界杯上,卢西奥和胡安的巴西队中卫线表现也可圈可点。对于某些巴西球员的不自律行为,福音派球员看在眼里,恼在心里。忌惮对方的名气,也不想把巴西队搞得不团结,福音派球员敢怒不敢言。1/4决赛输给法国队之后,尽管还是不公开表态,但福音派球员还是发泄了心中的怒火。

德国世界杯失利,也有主教练佩雷拉的责任。世界杯前,佩雷拉被巴西国内舆论所裹挟,沉湎于"桑巴魔幻四人组"的威力无穷,他没有意识到"魔幻四人组"阵型存在着攻强守弱的隐忧。巴西国内舆论认为德国世界杯上，强大的巴西队肯定能蝉联冠军，为桑巴祖国第五次赢得冠军。面对媒体的吹捧，巴西队球员有点飘飘然。作为有经验的主帅，佩雷拉应该更为冷静，但他却没有公开出来为巴西队已经发热的头脑降温。德国世界杯上，面对罗纳尔多、罗纳尔迪尼奥和阿德里亚诺的身体不佳和状态平平，保守的佩雷拉没能当机立断，用状态更好的年轻球员替换他们。用一支垂垂老矣、名气很大，但实力不如从前的巴西队征战，仍梦想世界杯夺冠，佩雷拉无异于痴人说梦。唯名气是论害死了佩雷拉，也害死了巴西队。

20世纪80年代，济科一代的"艺术足球"令世人叹为观止，可"艺术大师"特里·桑塔纳调教出的"漂亮足球"只开花未结果。如果单以成绩为标准，巴西足球历史上有两个黄金期。第一个黄金期是贝利时代，巴西队在1958年瑞典世界杯、1962年智利世界杯和1970年墨西哥世界杯上三度夺冠，贝利也正式加冕为球王。在贝利时代，巴西足球涌现了迪迪、瓦瓦、加林查、扎加洛、托斯唐等璀璨众星。巴西足球的第二个黄金时代开始于20世纪90年代，其间涌现了罗马里奥、贝贝托、邓加、罗纳尔多、里瓦尔多、罗纳尔迪尼奥、卡卡、罗比尼奥等巨星。其间，巴西队三次杀入世界杯决赛、两次捧起大力神杯。盛极必衰，这也是自然规律。2006年德国世界杯止步8强，巴西足球进入一段长长的低潮期，以连续两届世界杯折戟1/4决赛为表现。低潮期长夜漫漫，它或许正为巴西足球的再度辉煌做着酝酿和准备！

十九、卡卡风险——
2010年南非世界杯

世界最佳防反球队

兵败法兰克福，佩雷拉被解职，2006年7月24日，1990年美国世界杯四冠队长邓加入主五冠巴西队。在每一次惨败之后，巴西队都会经历一阵阵痛和巨变，这也成了一种规律。接手巴西队之前，邓加年仅43岁，之前没有任何执教经历。1990年意大利兵败之后，前球星法尔考曾入主巴西队，但没有取得成功。踢球时，邓加的球风比较实用，踢得并不漂亮，他带出的巴西队会不会也遗传他的丑陋？种种因素加在一起，巴西舆论对邓加并不看好。巴西足协主席特谢拉之所以要用邓加，是因为佩雷拉风格偏软，德国世界杯上巴西队人心涣散且内部出现矛盾，用人称"高乔铁汉"的邓加作桑巴主帅，巴西足协及其主席特谢拉是希望他能铁腕治军，给巴西队带来令人耳目一新的新气象。

邓加1963年10月31日出生于南里奥格兰德州小城伊儒伊（Ijuí），祖上有德国和意大利血统。邓加也只是巴西队新任主帅的名号，他的真名叫卡洛斯·卡埃塔诺·布勒多恩·维里（Carlos Caetano Bledorn Verri）。"艺术大师"特里·桑塔纳两届世界杯兵败，继任者拉扎罗尼反其道而行之，摒弃"艺术足球"，重用邓加等身体强壮、拼抢凶狠的球员。但1990年意大利世界杯1/8决赛对阿根廷队兵败，拉扎罗尼所倡导的"结果足球"在巴西国内备受诟病，巴西史上的那段功利足球时代也被称作"邓加时代"，邓加成为丑陋足球的代名词。不过4年后的美国世界杯，邓加表现出色，在巴西队夺得四冠进程中厥功至伟，终于为自己正了名。如果那个时代可以称作"第二邓加时代"的话，在巴西队主教练位置上，倔强而执着的高乔人希望在巴西队开启自己的第三个时代。

　　邓加不愧是一位性格教练。上任伊始，邓加就明确表示，他的巴西队不会用所谓的"魔幻四人组"阵型，他的巴西队会是一支平民球队。邓加说："我不会考虑424阵型，不会同时派上四位有进攻特点的球员。我想要一种平衡，所有人都要进攻，所有人也都要参与防守。要想得球，首先需要断球，这是显而易见的道理。在我的哲学里，首先是整体，之后才是个人发挥。技术可以改变比赛，但只有在一个平衡的体系里它才能发挥威力。"同年8月1日，首次征召巴西队，佩雷拉时代声名大噪的"桑巴魔幻四人组"竟无一人入选，邓加给成名已久、了无上进心且耍大牌儿的巴西巨星们打一顿杀威棒。

　　尽管面临着怀疑，"菜鸟"邓加在巴西队主教练位置却干得不错，令所有批评和质疑者大跌眼镜。佩雷拉巴西队的巨星们，邓加不能不用，罗纳尔迪尼奥和卡卡又获得机会。上任之初，邓加还是更看好两届世界足球先生小罗。在他的理想阵型中，为了保持攻守平衡，小罗和卡卡不可兼容。小罗最先穿上邓加巴西队10号黄衫，在主力之争中，卡卡一度落后。但小罗自己不争气，卡卡却抓住机会，先声夺人，天平开始向他倾斜。小罗表现依旧平平，卡卡则逐渐成为巴西队的新领军人物。

　　2006年下半年6场友谊赛，邓加巴西队取得了5胜1平的佳绩。2007年刚开局，2月6日首战就0比2输给了斯科拉里领军的葡萄牙队。6月份的委内瑞拉美洲杯，邓加本意是率巴西队全班主力参战，通过任期内第一届国际大赛磨合球队。但罗纳尔迪尼奥和卡卡都以连年征战太过劳累、夏天需要休息为由请假，邓加只能带巴西队二队参战。美洲杯世界杯首战，邓加巴西队0比2负于墨西哥队，不过5战4胜1平夺冠，尤以决赛3比0击败梅西所在的阿根廷队最振奋人心。2010年南非世界杯南美区预选赛，巴西队提前三轮出线，最终以南美头名出线。2009年南非联合会杯，邓加巴西队也夺冠。邓加巴西队获得巴西国内和整个世界的交口称赞，巴西前辈名宿托斯唐甚至称赞邓家军是"世界最佳防反球队"。

2010年世界杯是巴西队参加的第19届世界杯。世界杯的历史，实际上就是南美与欧洲的争夺史。在此前的18届世界杯，巴西队5次夺冠，阿根廷队和乌拉圭队都是2次夺冠，南美球队总共9次夺冠。而在欧洲一边，意大利队4次夺冠，德国队3次夺冠，英格兰队和法国队各1次夺冠，欧洲人总共也是9次夺冠。截至南非世界杯之前，南美和欧洲这两大足球强洲打成平手。但南美稍占优势，欧洲人还没有在欧洲之外夺过冠，而巴西队1958年瑞典世界杯在欧洲人地盘撒野，2002年韩日世界杯是世界杯第一次在欧洲和美洲大陆之外举行，巴西人夺得世界杯第五冠。美洲杯和联合会杯夺冠，再加上世界杯预选赛以南美头名出线，巴西国内对邓加率领的巴西队抱以很大的希望，期待它能在南非世界杯为巴西足球捧起第六冠。

2006年德国世界杯，巴西队大热倒灶，止步1/4决赛。南非世界杯上，邓加巴西队想为巴西足球证明，在世界杯上第六次夺冠。2006年德国世界杯后，罗纳尔多、卡福、罗伯托·卡洛斯等老将告别巴西队。罗纳尔迪尼奥年岁不大，四冠队长、高乔铁汉邓加本来想重用罗纳尔迪尼奥，但罗纳尔迪尼奥不复从前，他最终没被邓加带到南非世界杯。在邓加巴西队，中场核心是卡卡——2007年的国际足联世界足球先生。经过磨合，邓加巴西队渐入佳境，卡卡、罗比尼奥和路易斯·法比亚诺组成的桑巴军团前场进攻三叉戟攻击力强大。南非联合会杯夺冠之后，巴西队收获了自信，并再一次坐到国际足联国家队排行榜首席。在成绩的鼓舞下，不仅邓加信心十足，巴西队上下也对在南非世界杯上取得好成绩充满自信。

梦断伊丽莎白港

可世界杯前，邓加巴西队却出了问题。巴西队高度依赖卡卡，可自2007年荣膺世界足球先生之后，卡卡就景况不妙。他伤病不断，当了先生之后将近一年时间未为巴西队出战。

2009年联合会杯，巴西队夺冠，但卡卡表现一般。2009年6月8日，卡卡由效力6年的米兰转会皇马，但在皇马他依旧受到伤病困扰。世界杯前，在皇马，卡卡两度受伤。5月底到巴西队报到时，卡卡伤病还没有完全恢复，他能否打世界杯成了个未知数。南非世界杯上，卡卡是带伤忍痛上阵，主力核心状态不佳，巴西队的表现如何可以预测。

卡卡身体上的问题早在南非联合会杯就已有所表现。除了首战埃及进了两球之外没再进球，显然不在最佳状态。可在联合会杯最佳球员评选中，卡卡力压路易斯·法比亚诺和邓普西当选，为巴西队打进5球、当选南非联合会杯最佳射手路易斯·法比亚诺拿了银球。2009—2010赛季由意甲米兰转会皇马，卡卡成为足球历史上转会费第三贵的球员。可在皇马，因为两次重大伤病，卡卡表现也不尽如人意。2009年11月底至1月初，卡卡曾养病42天时间。西班牙媒体说他得了耻骨炎，那是一种长年性疾病，卡卡以后的职业生涯都得跟它作斗争。欧洲赛季行将结束时，卡卡又受伤。2010年，卡卡只为巴西队和皇马打了16场比赛。

对于卡卡在南非世界杯上究竟表现如何，巴西国内也形成了泾渭分明的两派。一派认为，巴西队高度依赖伤卡卡，风险非常高。怀疑卡卡者举1986年墨西哥世界杯上的济科为例。那届世界杯，济科刚刚从严重膝伤中恢复过来，身体状态还没达到最佳。墨西哥世界杯上，在1/4决赛点球大战被法国队淘汰，巴西队打了5场比赛，济科缺席小组三战，只是1/8决赛对波兰队才替补上场。对法国一战，替补上场的济科射失点球，虽然随后的点球大战他没失误，但济科还是作为那届世界杯巴西队失利的罪人被钉上历史耻辱柱。不过，也有成功的先例。2002年韩日世界杯前，经历严重膝伤的罗纳尔多刚刚康复，在国际米兰打比赛不多，但在韩日世界杯上他却成为巴西队夺得第五冠的最大功臣。卡卡会成为济科，还是会成为罗纳尔多？依赖受伤巨星，邓加会重蹈1986年墨西哥世界杯特里·桑塔纳的覆辙，还是会成为第二个斯科拉里？

与时间赛跑，卡卡还是出现在南非世界杯赛场。6月15日小组首战朝鲜队，卡卡是关注焦点。但卡卡仍未恢复巅峰状态，巴西队2比1险胜，巴西中场核心踢了78分钟就黯然下场，他也因表现不佳备受巴西舆论批评。小组第二战对科特迪瓦队，邓加本意是让卡卡打满90分钟，希望他可以找回比赛感觉。巴西队3比1击败科特迪瓦队，卡卡贡献了两次助攻。卡卡显得很活跃，几乎是满场飞。在左路，卡卡表现更突出，尤其是下半场。最好的卡卡还没回来，可他正在逐渐找回昔日的感觉。科特迪瓦人对卡卡粗野犯规，卡卡因与主裁判理论和报复科特迪瓦球员吃到两张黄牌，两黄变一红被罚下场……科特迪瓦球员，在第85和第88分钟吃到两张黄牌，两黄变一红被罚下场。他缺席第三战对葡萄牙的葡语德比，缺席与其皇马队友C罗的王者对决。

那是卡卡职业生涯第三张红牌，也是他2003年8月由圣保罗转会米兰之后拿到的第一张红牌。南非世界杯上，卡卡是巴西队世界杯历史上第10位10号巨星，对科特迪瓦队吃到红牌，卡卡也成为巴西队世界杯历史上第10位拿到红牌的球员。卡卡缺阵，巴西队小组末战与葡萄牙队0比0踢平，以小组第一身份出线。1/8决赛对阵南美邻国智利队，卡卡结束停赛归来，巴西队3比0击败对手挺进1/4决赛，卡卡又贡献一次助攻，三战三次助攻，对智利队一战虽未打满90分钟，但卡卡的表现还是让人看到了希望。1/4决赛，巴西队的对手是荷兰队。荷兰队是一个强劲的对手，之前的世界杯历史上，巴西队已与荷兰队三次交锋。1974年世界杯半决赛，巴西队输给克鲁伊夫领军的荷兰队。1994年美国世界杯1/4决赛，巴西队3比2涉险过关。1998年法国世界杯决赛，桑巴军团艰难地以2比1取胜。这一次再次相遇，不知道结果如何？

对荷兰队一战在南非伊丽莎白港市曼德拉湾球场举行，巴西队的开局好得不能再好。比赛开始仅10分钟，后腰梅洛中场得球，一个超远距离精准直塞，罗比尼奥快速插入禁区，赶在荷兰队门将斯特克伦堡出击前将球捅进球门，为巴西队首开纪录。巴西队上半场还有破门机会，把握住机会的话，他们至少可以再进一球，上半场就锁定胜局。下半场风云突变，斯内德为荷兰队进两球，巴西队后腰梅洛还因脚踩倒地的斯内德而被红牌罚下场。对荷兰队一战，是卡卡南非世界杯上第一次打满全场，但他却没起到球星的作用。继2006年德国世界杯止步8强之后，巴西队连续第二次倒在1/4决赛。

谁是罪人？

和德国世界杯时罗纳尔多对失利满不在乎不一样，这一次邓加和卡卡是带着夺冠的目的而来。赛后，巴西队不少球员都哭了，巴西队的三位场上领袖卡卡、儒利奥·塞萨尔、卢西奥哭得最厉害。从更衣室出来，接受媒体采访，卡卡仍在流泪，他的双眼都哭红了，他说："我非常难过，非常非常难过。我知道，在巴西许多人都会难过，但谁也没有我们这些球员难过。对我来说，这届世界杯非常难。我做了我能做的一切，我每天都在努力拼搏，我一度上下午和晚上做三个时间段的治疗，所有这一切都是为了恢复身体，为了有条件打世界杯。"

卡卡还说，"我心都在疼，因为我们输在细节上，输在两个定位球上。细节上的失误使巴西队世界杯出局，这样低级的失误让我非常难过。我往家里打了电话，两岁的儿子卢卡和其他家人都在哭，现在我唯一能做的是向巴西球迷道歉。"别人都哭了，只有巴西队主帅邓加不哭，他不愧是条高乔硬汉。南非世界杯兵败，回到巴西后邓加就被解职。

在一支球队中，一个重要的位置是后腰。后腰既要善守，又要能攻，他是球队的联接中枢，是攻与防的平衡点。1990年意大利世界杯，拉扎罗尼1/8决赛负于阿根廷队，与后腰邓加没能防住马拉多纳有关。1994年美国世界杯，高乔铁汉为自己正名，他的发挥完美无瑕，作为队长，邓加也举起了大力神杯。入主巴西队后，邓加一直在为球队寻找一个出色的后腰。2009年初，他才发现了当时效力意甲佛罗伦萨队的梅洛。在当时足坛，梅洛是最好的后腰之一。邓加也算是慧眼识珠，甚至有人说，同样打进攻后腰，梅洛有当年邓加的样子。可成也萧何，败也萧何，南非世界杯上，梅洛最终成为桑巴足球的罪人。

助攻罗比尼奥进球，梅洛展示出一名出色后腰宽广的视野和精准的长传能力。而巴西队的两个失球也都与梅洛有关。斯内德罚出任意球，梅洛禁区内高高跃起，他没顶到皮球，反倒干扰了门将儒利奥·塞萨尔的扑救。巴西队的第二失球，则禁区内盯人的梅洛被斯内德甩掉，后者头球锁定2比1的比分。败军回到巴西，等待他们的是巴西球迷愤怒的声讨。在里约下飞机，梅洛是在保安的重重保护之下才得以逃离机场。

失利之后，梅洛为自己辩护说："我绝对不是罪人。好像我做的一切都是错的，我做的好事都被忘掉。我所做的一切不能因为对荷兰的一张红牌就被抹杀。"梅洛不承认他是罪人，但他没有主教练邓加幸运。1990年意大利世界杯后忍受骂名，邓加1994年美国世界杯还能为自己正名。但梅洛再没有机会，2010年南非世界杯是他唯一一次世界杯也是最后一届世界杯。2010年南非世界杯后，他再没得到过国家队的征召。想为自己洗刷罪名，已经没有机会。足球有时就是这样残酷，它不记你的万般好，只记你的一桩糟，而且一直记到死，记到天荒地老。

巴西队也输在缺少一个好的右后卫上。卡福和罗伯托·卡洛斯号称"巴西双卡"，独步江湖十余年，使巴西队左右两个边路成为强项。2006年世界杯，卡福和罗伯托·卡洛斯都退役了，邓加需要用新人来填充他们身后留下的空档。在右后卫位置，巴西队不愁人选——效力国际米兰的麦孔和效力巴塞罗那的阿尔维斯，他们都是当时世界上最好的右后卫。但在左后卫位置上，邓加却一直没找到可心的人选。南非联合会杯上，邓加一度使用安德烈·桑托斯，但由于违纪原因，科林蒂安左后卫被逐出巴西队。左后卫人选最晚选定，2009年最后两战，邓加选中了里昂后卫巴斯托斯。边后卫进要能攻、退要能守，邓加草率选人，又没给巴斯托斯与队友磨合的时间，他为自己的决定付出沉痛代价。斯内德打进第一球时的任意球，正是因为巴斯托斯防不住荷兰边锋罗本犯规所致。

邓加也有错，他太过固执，他不知道变通，或许他得为巴西失利负最大的责任。卡卡受伤病影响，状态不佳，但邓加没有勇气让巴西队10号坐到替补席上。南非世界杯，邓加没招罗纳尔迪尼奥，也没招民众呼声颇高的桑托斯年轻天才中场甘索，就算邓加不想让卡卡上场，他也没有好的替代人选。不知何故，原因很复杂，巴西足球出现了一代的断层，缺乏出色的中场组织人才。德国世界杯佩雷拉对巴西队管得太松，南非世界杯又管得太严。孩子管得松了，他会成为祸害。孩子管得严了，他会成为懦夫。佩雷拉和邓加走了两个极端，但效果却殊途同归。当球员时，邓加没少被巴西媒体批，当上主教练之后仍有人看他不顺眼。邓加是高乔人，高乔人好斗，你骂我，我不会当没听见。南非世界杯期间，邓加与媒体关系出了问题，这使他的工作更难做。当然了，南非世界杯时邓加才47岁，他太过年轻，太缺乏经验，这也是他的巴西队失利的一个重要原因。

卡卡的"牺牲"

南非世界杯上，卡卡带伤上阵，忍着疼痛、做出牺牲为国效力。巴西队队医伦科世界杯后也承认，南非世界杯上，卡卡的身体状态只及最佳水平的80%。8月5日，卡卡在比利时做了手术。为卡卡做手术的比利时名医马滕斯医生甚至说："卡卡是带着不舒服感开始踢世界杯的，最终他感到一种无法忍受的疼痛。我理解，南非世界杯对他而言是独一无二的赛事，而且存在着压力。但对智利队和荷兰队，他太过用力了。他对我说，他当时感觉非常疼痛。他的职业生涯冒了严重的风险，他甚至可能废了。"这一说法得到了巴西队的反驳，但中场核心卡卡带伤上阵，巴西队世界杯收获惨败也就不足为奇了。

2010年世界杯是卡卡的第三届世界杯。2002年韩日世界杯，斯科拉里顶住压力不带"独狼"罗马里奥，他看中的拉科鲁尼亚中场德贾明哈又爆出头顶主教练伊鲁埃塔的丑闻，像1994年美国世界杯的罗纳尔多一样，年仅20岁的卡卡成为幸运儿，被大菲尔带到韩日世界杯。在韩日世界杯上，卡卡成为最年轻的冠军。不过，比美国世界杯上一分钟出场机会都未得到的罗纳尔多更幸运，巴西队小组第三战对哥斯达黎加队，卡卡替补出场打了18分钟世界杯。2006年德国世界杯，卡卡是"桑巴魔幻四人组"一员，2010年南非世界杯，他成为巴西队绝对核心主力，但两次的结果都一样，巴西队都是止步8强。

卡卡是1982年生人，阿德里亚诺和他同岁，罗纳尔迪尼奥出生于1980年，罗比尼奥出生于1984年。相对于罗纳尔多和里瓦尔多等20世纪70年代生人，小罗、卡卡、阿德和罗比尼奥等20世纪80年代桑巴球星，应该起到很好的承上启下作用。如果卡卡不是2007年当选国际足联世界足球先生就一直受伤病困扰，如果小罗和阿德再自律些，把巅峰状态保持更长一些，如果"单车少年"罗比尼奥小时了了、大也颇佳，巴西足球2002年世界杯之后也不会陷入长达10年的低潮期。相比之前的罗纳尔多一代和未来的1990年一代，1980年一代桑巴巨星是承上启下的中生代，中生代球星过早陨落，才是巴西足球低迷的一个重要原因。由于中生代的过早陨落，1992年出生的内马尔将在本土世界杯上披上象征巨星的10号桑巴黄衫。本土世界杯上，内马尔年仅22岁。

巴西足球的中落，也可以从国际足联世界足球先生及更名后国际足联金球奖评选结果看出来。2007年卡卡当选世界足球先生。2008年和2009年，卡卡在最终得票中都进入前五，两次都是名列第四。2010年，国际足联世界足球先生和《法国足球》杂志金球奖合并，南非世界杯后做了左膝手术的卡卡落选国际足联金球奖23人大名单。2011年、2012年和2013年国际足联金球奖评选，卡卡也未能入选。自从卡卡2009年进入最终前五名单之后，2010年、2011年、2012年和2013年，连续四年，巴西球员无人进入最终的国际足联金球奖前三名单。卡卡之后，巴西后继无人。而想当年，罗马里奥、罗纳尔多、里瓦尔多、罗纳尔迪尼奥和卡卡先后当选，罗纳尔多和罗纳尔迪尼奥还不止拿了一次，而是分别拿了三次和两次。自1991年创办以来，国际足联世界足球先生（金球奖）历史上，巴西球星共8次夺奖，可谓盛况空前，一时无双。遥想当年的辉煌，再想想现如今的衰落，令不少喜欢桑巴足球的人唏嘘感叹。

二十、 大菲尔携手内马尔埋葬马拉卡纳惨案——2014年巴西世界杯

64年后的世界杯

2007年10月30日，在瑞士苏黎世国际足联总部，国际足联主席布拉特宣布巴西成为2014年世界杯举办国。2014年巴西世界杯是史上第20届世界杯。巴西1950年曾举办第4届世界杯，时隔64年，足球王国将第二次举办世界杯。64年弹指一挥，经历了1950年世界杯马拉卡纳惨案的巴西队其间6次杀入决赛5夺

冠军，已成为世界足坛的超级劲旅，而巴西也从一个农业国家发展为世界第6大经济体。

1950年世界杯的比赛在里约热内卢、圣保罗、贝洛奥里藏特、库里蒂巴、阿雷格里港和累西腓六座城市举行，而2014年世界杯举办城市有12座，除了前述6座城市，巴西利亚、萨尔瓦多、福塔莱萨、纳塔尔、马瑙斯和库亚巴将同时举办世界杯。有趣的一点是，1950年世界杯时，里约还是巴西首都，现首都巴西利亚在地图上还不存在。巴西利亚是一座完全诞生于设计图纸上的城市，它于1960年4月21日建成，由于其漂亮的建筑和城市规划，被联合国教科文组织收入世界文化遗产。

按理说，2007年10月30日巴西就被确定为2014年世界杯主办国，有7年准备时间，这一次巴西世界杯的筹办工作应该从容不迫。但现实总比想象的要困难。获得世界杯主办权之后，巴西政府和巴西足协首先要选定世界杯举办城市。世界杯是一块大蛋糕，各个城市自然想分上一块，共有18个巴西城市申办，如何平衡利益就成了一件棘手的事情。本来应于2008年年底选定，但一直拖到2009年5月31日，12个世界杯主办城市的名字才最终公布。

虽然已是世界第6大经济体，但巴西还是发展中国家，存在着这样或那样的问题。首先各地区间发展不平衡，东南地区发达，北部和中西部仍旧非常落后。有些球场只要简单翻建就行，而另一些地方则要新建球场。巴西的基础设施也非常落后，几乎没有铁路，远途旅行和运输全靠飞机，现有的机场又不能满足世界杯期间的巨大需求。此外，巴西的宾馆酒店数量不足，城市交通也欠发达。因此和1950年世界杯时一样，巴西在球场建设、机场改造、基础建设等方面极为拖沓，联合会杯6座球场延期交付使用，而剩下的6座球场本来定于2013年年底或2014年3月竣工，但不少推迟到2014年4月才交付使用。

巴西自然条件得天独厚，是个资源大国，近些年经济发展迅速，但也存在着贫富严重分化、官员贪污腐败等现象。2013年巴西联合会杯期间，巴西爆发全国性的大规划示威游行，有些巴西人甚至喊出了"要教育，要医疗，不要世界杯"的口号。足球王国的臣民排斥和抵制世界杯，这确实很难想象和理解。2013年联合会杯期间，国际足联甚至考虑，如果街头抗议影响到球场之内的比赛，危及参赛球场的安全，国际足联有可能叫停联合会杯。其间还有传闻说，国际足联考虑取消巴西举办资格，把2014年世界杯交给美国来主办。不过，最差的结局没有发生。尽管也出现极少数坏分子的打砸抢烧，巴西全国性示威游行主流是民主和平性质的，并没有影响到联合会杯比赛的进行，联合会杯中止说和巴西被取消世界杯主力资格说也就不了了之。

梅内泽斯为大菲尔做嫁衣

　　与2014年世界杯筹办工作一波三折，并不顺利且拖沓延期类似，重建一支强大的巴西队的工作也面临不少困难。南非世界杯失利后邓加遭解职，执教科林蒂安的马诺·梅内泽斯走马上任。梅内泽斯实际上不是第一选择，巴西足协曾考虑让五冠教头斯科拉里重掌巴西队教鞭，或者让"艺术大师"特里·桑塔纳的关门弟子墨里西出任巴西队新帅。但斯科拉里刚与巴甲球队帕尔梅拉斯签约，刚刚签约马上就解约，这有违职业道德。墨里西则是弗卢米嫩塞不放人，他自己又不想支付违约金走人。斯科拉里和墨里西都不行，巴西足协才选中了梅内泽斯。梅内泽斯虽执教绰号"大球会"的科林蒂安，但他的履历并不令人信服，执教生涯只率队拿过两次巴乙冠军和一次巴西杯冠军。

　　外界有怀疑，梅内泽斯憋着一股劲儿，他想证明自己。2010年7月26日，梅内泽斯竖起帅旗，公布8月1日对美国友谊赛大名单。梅内泽斯点兵，一大变化是巴西队陡然年轻化，平均年龄从南非世界杯上的28.7岁降至23岁。南非世界杯前，巴西国内呼吁邓加带上桑托斯天才内马尔和甘索，邓加置之不理。而梅内泽斯第一次升帐，就把内马尔和甘索二人招入阵中，而且把10号球衫给了甘索，把11号给了内马尔。梅时代首战美国队2比0大胜，巴西踢出华丽桑巴足球，时年18岁的内马尔打进个人巴西队第一球。内马尔少年天才，前途无量，那个进攻只是他为巴西队打进的许多进球的第一个。

南非世界杯后，内马尔成为巴西队核心，这一方面让人叹服巴西足球强大的造血能力，另一方面也让人感叹桑巴足球后继无人，竟让一个18岁少年成为巴西队领军人物。内马尔1992年2月5日出生，生日与葡萄牙球星C罗纳尔多和阿根廷前锋特维斯相同。2月5日诞生了三位足坛巨星，这或许只是巧合，但确实很有意思。内马尔小时候就展示出过人的足球天赋，2003年，11岁的他进入桑托斯梯队，被俱乐部视为一颗奇珍异宝。2006年，14岁的内马尔曾去皇马试训，试训通过，皇马甚至已经给他在马德里足协注了册。害怕失去内马尔这颗珍宝，桑托斯有大动作。他们给了内马尔一家100万雷亚尔，条件是他留在桑托斯并在那里一直呆到成为职业球员。皇马觉得为一位年仅14岁的少年花天价没必要，内马尔最终得以留在球王贝利成名并效力的球队。

桑托斯押宝内马尔的未来，也是一笔风险投资。时任桑托斯俱乐部主席马塞洛·特谢拉说："我们谈好了价钱，内马尔的父亲给他儿子打了电话，让他回巴西。我这样做，不少人批评我是疯了。"100万雷亚尔相当于50万美元，对于巴西球队不是一笔小数目。但未来的事态发展证明，桑托斯那笔钱花得值。2009年升入桑托斯一队，截至2013年5月25日正式转会巴塞罗那，内马尔为球队拿了多项冠军，并于2011年率队夺得南美解放者杯冠军。那是后贝利时代桑托斯赢得的第一个南美解放者杯冠军。内马尔球技好，有个性，又是巴西队核心主力，在巴西国内人气爆棚，单是广告、赞助和代言，内马尔为桑托斯就赚了不知有多少个50万美元。这还没算内马尔转会巴塞罗那桑托斯的收入。按巴塞罗那的官方说法，内马尔的转会费为5 700万欧元，但有人说实际转会费在8 600万欧元和9 500万欧元之间。尽管转会巴萨前内马尔的转会权益并不全部归属桑托斯，但它应该也赚了不少。

内马尔等一班小将闪光，梅内泽斯巴西队开始成绩还不错。但光靠一帮小将，肯定拿不了本土世界杯冠军，要想夺冠，需要将小将的青春活力与老将的经验结合起来。对美国战后，少年天才甘索膝盖受伤做了手术，要养伤数月。甘索是一位当今足坛难觅的经典10号，技术好，视野宽广，远射和长传出众。如果甘索身体无恙，他和桑托斯队友甘索在巴西队珠联璧合，老将们在巴西队也就没了机会。但1989年10月12日出生的甘索命运多舛，一直膝伤不断，再也没有恢复到最佳状态，渐渐泯然众人。没办法，2010年最后一战对梅西阿根廷，梅内泽斯招入无缘南非世界杯的罗纳尔迪尼奥。可小罗早已不是从前的小罗，梅家军0比1负于对手，收获梅时代首败。

巴西队仍是一支强队，但显然已不是原来的那支超级强队。2011年2月9日0比1输给法国队，2011年6月4日0比0战平荷兰队，算上对阿根廷队小负，巴西队害上遇强不胜的怪病。同年美洲杯1/4决赛，点球大战不敌巴拉圭队，巴西队收获在美洲杯历史上的最差排名。此后友谊赛上2比3不敌德国队、3比4输给阿根廷队，逢传统强队就脚软且不胜的痼疾依旧无解。没招前世界足球先生罗纳尔迪尼奥和卡卡，梅内泽斯带大半支巴西队参加2012年伦敦奥运会。尽管世界杯五次夺冠，巴西队还从没拿过奥运男足金牌。伦敦奥运会是结束巴西奥运男足无金历史的最好机会，但巴西国奥决赛1比2负于墨西哥国奥，内马尔等一班年轻球星表现不尽如人意。

大菲尔点拨内马尔

奥运会兵败之后巴西足协就有换帅之意，梅内泽斯也感受了巨大压力。伦敦之后，梅家军3比0胜瑞典队、1比0小胜南非队、8比0狂胜卡马乔中国队、6比0大胜伊拉克队、4比0击败日本队、1比1与哥伦比亚队打平。为了避免下课，梅内泽斯竭尽所能，巴西队成绩也不错。可巴西足协决心已定，梅内泽斯回光返照已无济于事。2012年11月28日，巴西足协正式宣布五冠高乔教头斯科拉里接替梅内泽斯，成为巴西队新任主教练。

斯科拉里1948年11月9日出生于南里奥格兰州小城帕索逢多（Passo Fundo），做球员时是一位不太成功的中后卫，但执教生涯却成就非凡。1997—2000年执教帕尔梅拉斯，率队于1999年拿到俱乐部史上第一座南美解放者杯冠军奖杯。2001年6月底，斯科拉里临危受命，率巴西队世界杯预选赛出线，并于2002年韩日世界杯上为巴西捧回第五座世界杯冠军奖杯。2003—2008年执教葡萄牙队，斯科拉里发现并培养了C罗纳尔多，将华丽球风与实用相结合，葡萄牙2004年本土欧洲杯屈居亚军，2006年德国世界杯取得第四的史上第二好成绩。

和2002年韩日世界杯前一样，再度接手巴西队，斯科拉里面对的又是一个烂摊子。此前连续两届世界杯止步8强，之后逢强不胜，巴西队自信心已全失，五冠桑巴军团的自尊荡然无存。作为世界杯东道主，巴西队不用打世预赛，只打过一届美洲杯，严重缺乏国际大赛经验。巴西队太过年轻，两位核心球星，内马尔当时20岁，1991年9月9日出生的奥斯卡当时21岁。巴西队倚仗的内马尔，在巴西队开局有惊艳表现之后，也陷入技战术和心理的平台期。面对欧洲后卫凶猛逼抢，内马尔茫然不知所从。在场上他一碰就倒，旁人怀疑他是假摔，送他"内摔摔"和"跳水王子"的外号。斯科拉里也想起用一两名打过世界杯的老将，试用了罗纳尔迪尼奥和卡卡两位前世界足球先生，效果都不是很好。但一支年轻球队必须要有有经验的球员压阵，斯科拉里看中了2010年南非世界杯时的邓加巴西队主力门将儒利奥·塞萨尔。

五冠教头确实出手不凡。首战英格兰队1比2告负之后，友谊赛2比2平意大利队、1比1平俄罗斯队。6月本土联合会杯前对英格兰队2比2战平、对阵法国队3比0取胜，大菲尔让巴西队南非世界杯开始的逢强不胜历史作古，给巴西队注入了信心。对于头号球星内马尔，斯科拉里呵护有加之外，还与技术监督佩雷拉一起指导如何破解对手凶狠的防守，帮他走出低谷。首获梅内泽斯征召以来，内马尔在巴西队一直穿11号球衫。但本土世界杯前，斯科拉里故意给年轻小将压担子，让他在巴西队穿上寓意巨星地位的10号黄衫。对于梅内泽斯时代不重用的前锋弗雷德，斯科拉里也敢于大胆使用。感激大菲尔的知遇之恩，弗雷德也越踢越好，成为巴西队的头号射手。

弗雷德于1983年10月3出生，巴西世界杯开打时，弗雷德已经31岁。但谁要是以为他大器晚成，那他就错了。弗雷德成名于克鲁塞罗，罗纳尔多曾效力过的球队。2005年，22岁的弗雷德转会法甲里昂。2006年德国世界杯，23岁的弗雷德获得征召，小组次战对澳大利亚队打进一球。尽管在欧冠也攻破过皇马球门，但在里昂弗雷德过得并不开心，打不上主力。2009年弗雷德加盟弗卢米嫩塞，在巴甲他大放异彩，2010年和2012年率队两夺冠军。在邓加时代，弗雷德不被看好，在梅内泽斯时代，弗雷德多次受到征召。但他伤病不断，桀骜不驯的性格不见容于梅内泽斯，因此在梅时代机会也不多。大菲尔慧眼识金，有经验的五冠名帅也镇得住弗雷德，弗雷德在斯科拉里的巴西队如鱼得水。联合会杯前友谊赛，对英格兰队、意大利队和俄罗斯队等强队每场都有进球。

在同年6月15日开始的本土联合会杯上，内马尔和弗雷德大放异彩，巴西队全胜夺冠。小组三战，巴西队3比0胜日本队、2比0击败墨西哥队、4比2大胜意大利队。半决赛2比1胜乌拉圭队，6月30日决赛上，斯科拉里的巴西队则3比0完胜世界杯冠军西班牙队。凭借出色的表现，内马尔当选2013年巴西联合会杯最佳球员，排在同是5球的托雷斯和弗雷德之后，联合会杯前刚刚转会巴塞罗那的内马尔还穿上赛事射手铜靴。南非世界杯对荷兰队1/4决赛连失两球，对巴西队被淘汰负有不可推卸责任的儒利奥·塞萨尔也完成自我救赎，本土联合会杯仅失3球，当选赛事最佳门将。本土联合会杯夺冠最重要的意义，则在于使巴西队重拾强者自信，为2014年本土世界杯打下了良好的心理基础。

六冠并非易事

第二届本土世界杯，巴西队的目标肯定是夺冠。不过，实现这个目标并非易事。主场作战是把双刃剑，球迷的推动可能激励球员，也可能给巴西队带来巨大压力。由于此前两届世界杯止步8强，巴西队的心理还是有阴影。巴西队太过年轻，发挥可能会不稳定。桑巴军团阵中，只有儒利奥·塞萨尔、麦孔、蒂亚戈·席尔瓦、拉米雷斯、弗雷德等人参加过世界杯，但除了儒利奥·塞萨尔外，其他人在之前巴西队只是替补。缺乏世界杯经验，可能成为巴西队本土夺冠路上的最大拦路虎。

要想率巴西队夺得第六冠，斯科拉里也需挑战自我极限。此前19届世界杯上，只有意大利功勋教头维托里奥·波佐两届率队夺冠，而且蝉联冠军。巴西队五次世界夺冠，不是没有冠军教头尝试过第二次率巴西队夺冠。1958年瑞典世界杯一冠教头文森特·费奥拉在1966年做过尝试，1970年墨西哥世界杯三冠教头扎加洛在1974年德国世界杯和1998年法国世界杯欲两次圆梦，1994年美国世界杯四冠儒帅佩雷拉也于2006年德国世界杯做过尝试，但三人都没取得成功。1998年法国世界杯率队打进决赛，老帅扎加洛是最接近的一位。2002年韩日世界杯率巴西队夺得第五冠，12年后卷土重来，斯科拉里想完成三位前辈桑巴名帅没实现的梦想。维托里奥·维佐是意大利人，巧合的是斯科拉里也是意大利后裔，2014年7月13日，他能如愿以偿，率巴西队夺得第六冠，个人夺得第二冠，帮助足球王国彻底埋葬1950年世界杯决赛惨败的阴影吗？一切都有可能，现在下结论或许还太早。

时光荏苒，岁月的脚步已经进入21世纪第二个十年。由于20世纪80年一代过早陨落，1992年出生的内马尔过早地挑起巴西队六冠重任。没有过渡，没有老球星的传帮带和助一臂之力，第一次参加世界杯，就是本土世界杯，内马尔面临着人生巨大的挑战。世界杯历史上，第一次打世界杯就作为主力夺冠的先例如凤毛麟角，但触手可及的例子也有一个，那就是1958年瑞典世界杯上的少年球王贝利。与球王同出桑托斯队，在桑托斯队踢球时被誉为"新贝利"，内马尔有可能复制当年球王的成功，在人生第一次世界杯就夺冠吗？如果不能，内马尔的天赋和能力也不应被抹杀。如果真能作为主角在本土世界杯为巴西队夺得第六冠，内马尔不仅将成为巴西的民族英雄，他也将向世人证明他是一位前途不可限量的球星，他可以媲美球王贝利。

6月12日，2014年巴西世界杯就将拉开大幕，斯科拉里和内马尔的巴西队能否彻底结束马拉卡纳惨案留在巴西民族心头的阴影，为巴西夺得世界杯第六冠？还是让我们拭目以待吧！由于筹办过程中的种种不足，巴西世界杯也许不会像巴西前总统卢拉承诺的那样成为"史上最好的一届世界杯"，但它绝对会是一届最与众不同的世界杯。世界杯是全球球迷的节日，也让我们尽情享受那一场场漂亮的比赛吧！巴西世界杯，将是球迷的一场伟大的狂欢！

附　录

表1　历届世界杯巴西队成绩

年份	成绩	排名	比赛数	胜	平	负	进球数	失球数
1930年乌拉圭世界杯	小组赛	6/13	2	1	0	1	5	2
1934年意大利世界杯	第1阶段	14/16	1	0	0	1	1	3
1938年法国世界杯	第三	3/15	5	3	1	1	14	11
1950年巴西世界杯	亚军	2/13	6	4	1	1	22	6
1954年瑞士世界杯	1/4决赛	5/16	3	1	1	1	8	5
1958年瑞典世界杯	冠军	1/16	6	5	1	0	16	4
1962年智利世界杯	冠军	1/16	6	5	1	0	14	5
1966年英格兰世界杯	小组赛	11/16	3	1	0	2	4	6
1970年墨西哥世界杯	冠军	1/16	6	6	0	0	19	7

续上表

年份	成绩	排名	比赛数	胜	平	负	进球数	失球数
1974年德国世界杯	第四	4/16	7	3	2	2	6	4
1978年阿根廷世界杯	季军	3/16	7	4	3	0	10	3
1982年西班牙世界杯	第2阶段小组赛	5/24	5	4	0	1	15	6
1986年墨西哥世界杯	1/4决赛	5/24	5	4	1	0	10	1
1990年意大利世界杯	1/8决赛	9/24	4	3	0	1	4	2
1994年美国世界杯	冠军	1/24	7	5	2	0	11	3
1998年法国世界杯	亚军	2/32	7	4	1	2	14	10
2002年韩日世界杯	冠军	1/32	7	7	0	0	18	4
2006年德国世界杯	1/4决赛	5/32	5	4	0	1	10	2
2010年南非世界杯	1/4决赛	6/32	5	3	1	1	9	4
2014年巴西世界杯		/32						
总计	总排名第1 7次杀入决赛 5次夺冠		97	67	15	15	210	88

表2 历届世界杯巴西队主教练

年份	主教练姓名
1930年乌拉圭世界杯	平达罗·多·卡瓦略（Pindaro do Carvalho）
1934年意大利世界杯	路易斯·维尼埃斯（Luís Vinhais）
1938年法国世界杯	阿德马尔·皮门塔（Ademar Pimenta）
1950年巴西世界杯	弗拉维奥·科斯科（Flávio Costa）
1954年瑞士世界杯	泽泽·莫雷拉（Zezé Moreira）
1958年瑞典世界杯	文森特·费奥拉（Vicente Feola）
1962年智利世界杯	艾莫雷·莫雷拉（Aimoré Moreira）
1966年英格兰世界杯	文森特·费奥拉（Vicente Feola）
1970年墨西哥世界杯	马里奥·若热·罗博·扎加洛（Mário Jorge Lobo Zagallo）
1974年德国世界杯	马里奥·若热·罗博·扎加洛（Mário Jorge Lobo Zagallo）
1978年阿根廷世界杯	克劳迪奥·库蒂尼奥（Cláudio Coutinho）
1982年西班牙世界杯	特里·桑塔纳（Telê Santana）
1986年墨西哥世界杯	特里·桑塔纳（Telê Santana）
1990年意大利世界杯	塞巴斯蒂昂·拉扎罗尼（Sebastião Lazaroni）
1994年美国世界杯	卡洛斯·阿尔贝托·佩雷拉（Carlos Alberto Parreira）
1998年法国世界杯	马里奥·若热·罗博·扎加洛（Mário Jorge Lobo Zagallo）

续上表

年份	主教练姓名
2002年韩日世界杯	踢易斯·菲利佩·斯科拉里 （Luís Felipe Scolari）
2006年德国世界杯	卡洛斯·阿尔贝托·佩雷拉 （Carlos Alberto Parreira）
2010年南非世界杯	邓加（Dunga）
2014年巴西世界杯	路易斯·菲利佩·斯科拉里 （Luís Felipe Scolari）

表3　历届世界杯巴西队队长

年份	队长姓名
1930年乌拉圭世界杯	布雷吉尼奥（Preguinho）
1934年意大利世界杯	马丁·西尔维拉（Martim Silveira）
1938年法国世界杯	马丁·西尔维拉（Martim Silveira）、莱昂尼达斯（Lêonidas）
1950年巴西世界杯	奥古斯托（Augusto）
1954年瑞士世界杯	鲍埃尔（Bauer）
1958年瑞典世界杯	贝利尼（Bellini）
1962年智利世界杯	毛罗（Mauro）
1966年英格兰世界杯	贝利尼（Bellini）、奥兰多·佩萨尼亚（Orlando Peçanha）
1970年墨西哥世界杯	卡洛斯·阿尔贝托·托雷斯（Carlos Alberto Torres）

续上表

年份	队长姓名
1974年德国世界杯	皮亚萨（Piazza）、路易斯·佩雷拉（Luis Pereira）、马里尼奥·佩雷斯（Marinho Peres）
1978年阿根廷世界杯	莱昂（Leão）、里维利诺（Revillino）
1982年西班牙世界杯	苏格拉底（Sócrates）
1986年墨西哥世界杯	埃迪尼奥（Edinho）
1990年意大利世界杯	里卡多·戈麦斯（Ricardo Gomes）、尤尔津霍（Jorginho）
1994年美国世界杯	拉易（Raí）、尤尔津霍（Jorginho）、邓加（Dunga）
1998年法国世界杯	邓加（Dunga）
2002年韩日世界杯	卡福（Cafu）
2006年德国世界杯	卡福（Cafu）、迪达（Dida）
2010年南非世界杯	卢西奥（Lúcio）
2014年巴西世界杯	蒂亚戈·席尔瓦（Thiago Silva）

表4　历届世界杯巴西队10号

年份	球员姓名
1930年乌拉圭世界杯	球员球衣未印号码
1934年意大利世界杯	球员球衣未印号码

续上表

年份	球员姓名
1938年法国世界杯	球员球衣未印号码
1950年巴西世界杯	雅伊尔·R·平托（Jair R. Pinto）5场、阿德米尔·梅内泽斯（Ademir Menezes）1场
1954年瑞士世界杯	平加（Pinga）
1958年瑞典世界杯	贝利（Pelé）
1962年智利世界杯	贝利（Pelé）
1966年英格兰世界杯	贝利（Pelé）
1970年墨西哥世界杯	贝利（Pelé）
1974年德国世界杯	里维利诺（Rivellino）
1978年阿根廷世界杯	里维利诺（Rivellino）
1982年西班牙世界杯	济科（Zico）
1986年墨西哥世界杯	济科（Zico）
1990年意大利世界杯	西拉斯（Silas）
1994年美国世界杯	拉易（Raí）
1998年法国世界杯	里瓦尔多（Rivaldo）
2002年韩日世界杯	里瓦尔多（Rivaldo）
2006年德国世界杯	罗纳尔迪尼奥（Ronaldinho）
2010年南非世界杯	卡卡（Kaká）
2014年巴西世界杯	内马尔（Neymar）

表5　巴西队历届世界杯射手

年份	球员姓名
1930年乌拉圭世界杯	布雷吉尼奥3球
1934年意大利世界杯	莱昂尼达斯1球
1938年法国世界杯	莱昂尼达斯7球
1950年巴西世界杯	阿德米尔·梅内泽斯9球
1954年瑞士世界杯	迪迪、儒利尼奥、平加2球
1958年瑞典世界杯	贝利6球
1962年智利世界杯	加林查、瓦瓦4球
1966年英格兰世界杯	加林查、贝利、托斯唐、里尔多1球
1970年墨西哥世界杯	雅伊尔津霍7球
1974年德国世界杯	里维利诺3球
1978年阿根廷世界杯	迪尔塞乌、罗伯特·迪纳米特3球
1982年西班牙世界杯	济科4球
1986年墨西哥世界杯	卡雷卡5球
1990年意大利世界杯	贝贝托、穆勒2球
1994年美国世界杯	罗马里奥5球
1998年法国世界杯	罗纳尔多4球
2002年韩日世界杯	罗纳尔多8球
2006年德国世界杯	罗纳尔多3球
2010年南非世界杯	路易斯·法比亚诺3球

表6 巴西队世界杯最伟大射手

（世界杯总进球数最多球员）

球员姓名	总进球数
罗纳尔多（Ronaldo）	15球
贝利（Pelé）	12球
阿德米尔·梅内泽斯（Admir Menezes）	9球
雅伊尔津霍（Jairzinho）	9球
瓦瓦（Vavá）	9球
莱昂尼达斯（Leônidas da Silva）	8球
里瓦尔多（Rivaldo）	8球
卡雷卡（Careca）	7球
里维利诺（Rivellino）	6球
贝贝托（Bebeto）	6球

表7 世界杯总出场次数最多巴西球员排名

球员姓名	出场次数	世界杯届次
卡福	20场	1994年、1998年、2002年、2006年
罗纳尔多	19场	1994年、1998年、2002年、2006年
邓加	18场	1990年、1994年、1998年
塔法雷尔	18场	1990年、1994年、1998年
罗伯托·卡洛斯	17场	1998年、2002年、2006年
卢西奥	17场	2002年、2006年、2010年

续上表

球员姓名	出场次数	世界杯届次
雅伊尔津霍	16场	1966年、1970年、1974年
吉尔伯托·席尔瓦	16场	2002年、2006年、2010年
迪迪	15场	1954年、1958年、1962年
尼尔顿·桑托斯	15场	1954年、1958年、1962年
里维利诺	15场	1970年、1974年、1978年
贝贝托	15场	1990年、1994年、1998年

表8 参加四届世界杯巴西队球员

球员姓名	世界杯届次
卡斯蒂略（Castilho）	1950年、1954年、1958年、1962年
尼尔顿·桑托斯 （Nilton Santos）	1950年、1954年、1958年、1962年
贾尔马·桑托斯 （Djalma Santos）	1954年、1958年、1962年、1966年
贝利（Pelé）	1958年、1962年、1966年、1970年
莱昂（Leão）	1970年、1974年、1978年、1986年
卡福（Cafu）	1994年、1998年、2002年、2006年
罗纳尔多（Ronaldo）	1994年、1998年、2002年、2006年

图书在版编目（CIP）数据

世界杯冠军志之巴西／体坛传媒编著. —成都：西南财经大学
出版社，2014.5
ISBN 978-7-5504-1369-6

I.①世… Ⅱ.①体… Ⅲ.①足球运动—杯赛—概况—巴西
Ⅳ.①G843.732

中国版本图书馆CIP数据核字（2014）第063357号

世界杯冠军志之巴西
体坛传媒　编著

责任编辑：林　伶
特约编辑：王云强
封面设计：李尘工作室
责任印制：封俊川

出版发行	西南财经大学出版社（四川省成都市光华村街55号）
网　　址	http：//www.bookcj.com
电子邮件	bookcj@foxmail.com
邮政编码	610074
电　　话	028-87353785　87352368
印　　刷	北京合众协力印刷有限公司
成品尺寸	165mm×230mm
印　　张	19.75
彩　　插	20页
字　　数	170千字
版　　次	2014年5月第1版
印　　次	2014年5月第1次印刷
书　　号	ISBN 978-7-5504-1369-6
定　　价	40.00元

2006年3月15日，国际足联代表马科恩女士宣布《体坛周报》成为国际足联中国地区官方合作媒体。

巴西球王贝利展示刊有自己报道的《足球周刊》。

2012年欧洲杯决赛夺冠后，西班牙队主帅博斯克拿着《体坛周报》欧洲杯期间的头版作秀。

2006年世界杯前，《体坛周报》记者张力采访德国国家队主教练克林斯曼。

《体坛周报》记者滨岩为梅西颁发金靴奖。

前法国著名球员，欧足联主席普拉蒂尼。

米卢蒂诺维奇与《体坛周报》世界杯出线号外特刊合影。

巴西球星济科与本书作者合影。